Eine Arbeitsgemeinschaft der Verlage

Böhlau Verlag · Wien · Köln · Weimar
Verlag Barbara Budrich · Opladen · Toronto
facultas.wuv · Wien
Wilhelm Fink · München
A. Francke Verlag · Tübingen und Basel
Haupt Verlag · Bern
Verlag Julius Klinkhardt · Bad Heilbrunn
Mohr Siebeck · Tübingen
Nomos Verlagsgesellschaft · Baden-Baden
Ernst Reinhardt Verlag · München · Basel
Ferdinand Schöningh · Paderborn · München · Wien · Zürich
Eugen Ulmer Verlag · Stuttgart
UVK Verlagsgesellschaft · Konstanz, mit UVK / Lucius · München
Vandenhoeck & Ruprecht · Göttingen · Bristol
vdf Hochschulverlag AG an der ETH Zürich

Monika Hoffmann

Deutsch fürs Studium

Grammatik und Rechtschreibung

2., aktualisierte und überarbeitete Auflage

FERDINAND SCHÖNINGH

Die Autorin:
Monika Hoffmann ist promovierte Sprachwissenschaftlerin. Sie unterrichtet Deutsch.

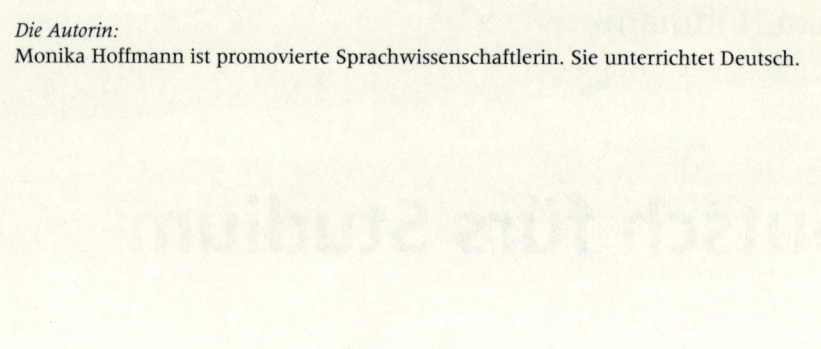

Bibliografische Information der Deutschen Nationalbibliothek

Die Deutsche Nationalbibliothek verzeichnet diese Publikation in der Deutschen Nationalbibliografie; detaillierte bibliografische Daten sind im Internet über http://dnb.d-nb.de abrufbar.

© 2010 Ferdinand Schöningh, Paderborn
(Verlag Ferdinand Schöningh GmbH & Co. KG, Jühenplatz 1, D-33098 Paderborn)

Internet: www.schoeningh.de

Printed in Germany.
Herstellung: Ferdinand Schöningh, Paderborn
Einbandgestaltung: Atelier Reichert, Stuttgart

UTB-Band-Nr: 2644
ISBN 978-3-8252-2644-2

Inhalt

Vorwort zur zweiten Auflage

Deutsch fürs Studium in der zweiten Auflage ist gegenüber der ersten Auflage von 2005 stark verändert. Dafür gibt es vier gute Gründe.

Erstens: Die erste Auflage war noch stark geprägt von der Diskussion um die neue Rechtschreibung. Die war als Thema beim Schreiben ständig präsent. „So oder so?" war die große Frage, während man die neuen Regeln mit den alten verglich. Andere Fragen traten dadurch in den Hintergrund. Das ist heute anders. Seit August 2006 gilt die revidierte Version der neuen Rechtschreibung, und wir haben uns daran gewöhnt. Deshalb ist der Vergleich mit der alten Rechtschreibung hier kein Thema mehr; es geht allein darum, dass Sie möglichst gut mit den jetzigen Regeln zurechtkommen. Das ist gerade genug.

Zweitens: Grammatik ist nicht in Stein gemeißelt, sondern wird ständig fortgeschrieben, und das nicht unbedingt einheitlich. Das hat den kleinen Nachteil, dass man hier und da verunsichert wird. Doch dem gegenüber steht ein großer Vorteil: Nur so lassen sich die sprachlichen Phänomene immer besser beschreiben – und auch vermitteln. In diesem Sinne bin ich einigen Veränderungen gefolgt. Dadurch dürfte vieles klarer und leichter zu verstehen sein als in der ersten Auflage.

Drittens: Zwischen der ersten und der zweiten Auflage liegen fünf Jahre Unterricht, in denen ich viel gelernt habe. Im Fachsprachenzentrum der Fachhochschule Frankfurt arbeite ich mit Studierenden mit unterschiedlichem sprachlichem Hintergrund: Deutsch kommt als Muttersprache vor, als Zweitsprache und als Fremdsprache. Daraus ergeben sich sehr lebhafte, vielseitige und nützliche Sprachbeobachtungen. Die habe ich mit einfließen lassen, damit auch Sie davon profitieren.

Viertens: Überarbeitungen tun jedem Text gut. Denn alles, was man macht, kann man immer noch besser machen. In diesem Sinne wünsche ich Ihnen, dass Sie mit Hilfe dieses Buches und durch stetes Üben immer noch besser werden beim Schreiben.

Wiesbaden, im Mai 2010   Monika Hoffmann

Wohin Sie dieses Buch führt

Den Deutschunterricht haben Sie hinter sich. Deutsch bleibt bei Ihnen. Je besser Sie es im Griff haben, desto leichter fällt Ihnen das Studium. Zum einen haben Sie viel zu lesen, und das geht nachweislich einfacher, wenn man die Sprache beherrscht. Zum anderen müssen Sie auch viel schreiben: Klausuren, Hausarbeiten und Ihre Abschlussarbeit. Dabei liegt es an Ihrem sprachlichen Geschick, wie Ihnen die Arbeit von der Hand geht und wie Ihre Texte ankommen. Lernen Sie, mit leichter Hand gute Texte zu schreiben. Sie dabei zu unterstützen ist das erste Ziel dieses Buches.

Der Schlüssel zum sprachlichen Geschick liegt in der Grammatik. *Wie öde,* mögen Sie jetzt denken. Ganz zu Unrecht. Grammatik hat was. Sie selbst ist logisch und von Regeln geprägt, doch gerade damit schafft sie Raum für Kreativität. Beides macht sich bemerkbar im Denken. Sie werden selbst bald merken, wie Sie mit einem vertieften Sprachverständnis Sachverhalte besser erfassen. Sie können dann leichter Wichtiges von Unwichtigem trennen, Folgen erkennen und Bezüge herstellen. Sie dahin zu bringen ist das zweite Ziel dieses Buches.

Das dritte Ziel betrifft Ihr Selbstbewusstsein. Dem tut es gar nicht gut, wenn das, was Sie schreiben, anders ankommt, als Sie es meinen. Ein Text mit vielen Fehlern wirkt auch vom Inhalt her zweifelhaft. Mit diesem Buch lernen Sie, fehlerfrei, flüssig und überzeugend zu schreiben. So souverän, wie Sie sich dann ausdrücken, werden Sie sich auch fühlen.

Alle drei Ziele liegen im Bereich des Machbaren. Allerdings müssen Sie eine Bedingung erfüllen: Sie müssen mit Disziplin und Ehrgeiz an die Sache herangehen. Gutes Schreiben kommt nicht von selbst. Sie müssen Ihren Kopf anstrengen, das eine oder andere vielleicht auswendig lernen und vor allem üben, üben und noch mal üben.

Sie kriegen also nichts geschenkt, aber Sie kriegen ein Programm geboten, mit dem Sie viel gewinnen. So sieht es aus: Es geht von der kleinsten sprachlichen Einheit, den Lauten, bis zur größten, dem gesamten Text. Dazwischen liegen die Wörter und die Sätze. Die Wörter werden nach Wortarten behandelt. Das ist eine Ordnung nach grammatischen Eigenschaften. Wenn Sie die verstehen, können Sie die Prinzipien der Rechtschreibung erkennen und richtig anwenden. Mit den Wortarten sehen Sie die Methode; ohne Wortarten hätten Sie es mit einem Chaos aus Einzelfällen zu tun.

Fünf Fragen im Zusammenhang mit den Wortarten sind extra herausgestellt. Die erste Frage lautet, wie man *das* und *dass* auseinanderhält. Die zweite betrifft den Konjunktiv. Den brauchen Sie für die indirekte Rede, wenn Sie etwa in einer Hausarbeit eine fremde Meinung wiedergeben. Als Drittes geht es um die Groß- und Kleinschreibung, als Viertes um die Getrennt- und Zusammenschreibung und als Letztes um den Bindestrich.

In der Einheit „Sätze" befassen Sie sich zunächst mit dem Baumaterial. Das sind die Satzglieder und Attribute. Dann lernen Sie, Haupt- und Nebensätze zu unterscheiden, und Sie sehen, welche Möglichkeiten es gibt, Sätze miteinander zu verbinden.

Das alles brauchen Sie, um Ihren Texten einen schönen Rhythmus zu geben. Den unterstützen Sie per Zeichensetzung. Sehen Sie sich die wichtigsten Kommaregeln an, aber auch die Gestaltungsmöglichkeiten, die Ihnen andere Satzzeichen bieten.

Das letzte große Kapitel handelt von der Beziehung von Text zu Mensch. Was müssen Sie als Sender beachten, damit Ihr Text wie gewünscht beim Empfänger ankommt? Lesen Sie, was Philosophen und Psychologen dazu sagen. Nehmen Sie sieben Tipps mit auf den Weg, damit Sie Ihr Schreiben weiter verbessern und Ihre Leser besser bedienen können.

Im Anhang sind alle Fachausdrücke aufgelistet und erklärt. Außerdem sind Nachschlagewerke und weitere Titel zusammengestellt, die Ihnen beim Schreiben helfen. Den Lösungsschlüssel zu den Übungen finden Sie im Internet unter www.utb-mehrwissen.de.

Deutsch fürs Studium ist ein praktisches Handbuch. Alle Ausführungen von den Lauten bis zum Empfängerbezug orientieren sich an der Frage: „Was muss man wissen, um fehlerfrei, verständlich und ansprechend zu schreiben?" Die Themen sind in fünfunddreißig Bausteinen für Sie aufbereitet. Wenn Sie die Bausteine der Reihe nach bearbeiten, haben Sie ein solides Grundwissen Grammatik. Wenn Sie einzelne Bausteine herausgreifen, können Sie sich den notwendigen Hintergrund mit Hilfe der Verweise erschließen. In den Bausteinen selbst finden Sie als Erstes die Erklärung mit Beispielen. Als Nächstes gibt es ganz nach Bedarf Eselsbrücken, Tipps oder auch Warnschilder. Danach kommen Übungen, damit Sie das Gelernte festigen und Ihren Lernerfolg kontrollieren können. Der wird sich sehr bald einstellen.

Erste Einheit: Laute

Sie finden Deutsch schwierig? Dann schieben Sie das halb leere Glas beiseite und nehmen Sie das halb volle. Denn zu schreiben ist Deutsch ganz einfach. Buchstaben und Laute sind einander zugeordnet. Im Großen und Ganzen schreiben Sie die Wörter so, wie Sie sie hören. Dabei sind lediglich ein paar Besonderheiten zu beachten. Das ist alles.

Der erste Baustein teilt die Laute in vier Gruppen ein, damit Sie mit den Gemeinsamkeiten arbeiten können. Der zweite Baustein gehört allein dem s-Laut, denn der ist beim Schreiben der schwierigste. Im dritten Baustein dreht sich alles um den Wortstamm. Der soll in Ableitungen und Zusammensetzungen möglichst gut zu erkennen sein, und gerade das macht Wörter manchmal etwas holprig. Den vierten Baustein, „Fremdwörter", sollten Sie vor allem als Warnung betrachten, denn hier können Schreibweise, Bedeutung *und* Verwendung Scherereien machen. Der letzte Baustein, „Worttrennung", ist ein Muss, wenn Ihre Arbeiten auch optisch lückenlos sein sollen.

1 Die Einteilung der Laute

Laute werden danach unterschieden, wo und wie sie gebildet werden. Für die Rechtschreibung reicht die grobe Einteilung in vier Gruppen: Vokale (Selbstlaute), Umlaute, Diphthonge (Doppellaute) und Konsonanten (Mitlaute).

Vokale

Vokale (Selbstlaute) sind Laute, bei deren Bildung die Luft ungehindert durch den Mund strömt. Man hört nichts als den reinen Laut. Testen Sie's, indem Sie sich die Laute langsam vorsagen: *a, e, i, o, u.*

Vokale können kurz oder lang gesprochen werden. Bitte vergleichen Sie die jeweils gegenübergestellten Wörter:

	kurz	lang
a	ab	aber
	Band	Bahn
	handeln	hadern

	kurz	lang
e	w<u>e</u>g	W<u>e</u>g
	G<u>e</u>ld	G<u>e</u>n
	h<u>e</u>lfen	h<u>e</u>hlen
i	<u>i</u>n	<u>i</u>hn
	<u>i</u>rre	<u>i</u>risch
	V<u>i</u>lla	V<u>i</u>rus
	b<u>i</u>tten	b<u>i</u>eten
o	<u>o</u>b	<u>o</u>der
	P<u>o</u>st	P<u>o</u>se
	t<u>o</u>llen	t<u>o</u>ben
u	b<u>u</u>nt	B<u>u</u>de
	M<u>u</u>tter	M<u>u</u>t
	<u>U</u>lme	<u>U</u>fer

Die unterstrichenen Vokale links werden kurz gesprochen, die rechts werden in die Länge gezogen.

Lang gesprochene Vokale werden beim Schreiben unterschiedlich dargestellt:

- mit einem einzelnen Buchstaben: *W<u>a</u>gen, s<u>e</u>lig, B<u>o</u>te*
- mit einem Doppelbuchstaben: *Waage, Seele, Boot*
- mit einem Dehnungs-h: *Wahre, sehr, Bohne*

Das lange *i* wird in deutschen Wörtern meistens als *ie* geschrieben: *sieben, Bienen, kriegen*; in Wörtern fremder Herkunft dagegen steht meistens ein einfaches *i*: *Silo, Bibel, Krise*.

Tipp

Die Wörter *wieder* und *wider* können Sie auseinanderhalten, indem Sie *wieder* mit dem Gedanken an *Wiederholung* verknüpfen. Es bedeutet *noch einmal*. Wider verknüpfen Sie mit dem Gedanken an *Widerstand*. Es bedeutet *gegen*.

Umlaute

Umlaute sind die Vokale mit den Strichelchen: *ä*, *ö* und *ü*. Sie können ebenfalls kurz oder lang gesprochen werden.

	kurz	lang
ä	B<u>ä</u>lle	B<u>ä</u>der
	M<u>ä</u>chte	M<u>ä</u>dchen
	h<u>ä</u>ckseln	h<u>ä</u>keln

	kurz	lang
ö	öffnen	Öfen
	störrisch	stören
	Hölle	Höhle
ü	gründlich	grün
	füttern	führen
	bündeln	bügeln

Diphthonge

Diphthonge (Doppellaute) bestehen aus zwei zusammengezogenen Vokalen: *au, ei, eu.* Zu *ei* gibt es noch die Variante *ai*, zu *eu* die Variante *äu.* Diphthonge sind immer lang.

auf – Maus – laufen
zwei – leise – teilen // Mai – Laie – Kaiser
euch – Eule – beugen // Bäuche – Säule – säugen

Es gibt ein paar Wörter mit *ei* und *ai*, die gleich klingen und deshalb beim Schreiben schon mal durcheinandergeraten.

kein : Kain (Name)
der Leib : der Laib (Brot)
die Seite : die Saite (einer Gitarre)
die Weise : die Waise (ohne Eltern)

Insgesamt sind Wörter mit *ai* eher selten.

Konsonanten

Konsonanten (Mitlaute) sind der große Rest: *b, c, d, f* …. Bei ihrer Bildung wird der Strom der Atemluft behindert. Beim *b* zum Beispiel geschieht dies durch eine kleine Explosion mit den Lippen, beim *t* durch den Anschlag der Zunge gegen die obere Zahnreihe. Man hört also noch ein anderes Geräusch mit.

Bei der Schreibung der Konsonanten im Wortinneren ist immer auf den vorausgehenden Laut zu achten. Nach einem betonten kurzen Vokal folgen meistens zwei Konsonantenbuchstaben – zwei verschiedene, ein verdoppelter oder auch ein *ck* oder *tz*. Bitte vergleichen Sie:

zwei Konsonanten nach kurzem betontem Vokal	einzelner Konsonant nach langem Vokal
fast	faseln
gelb	Gel
Widder	wieder
Tonne	Ton
Hacke	Haken
Dutzend	duzen

Tipp

Wenn Sie sich nicht sicher sind, ob ein Wort mit einem einfachen Buchstaben oder mit einem Doppelbuchstaben geschrieben wird, dann sprechen Sie sich das Wort deutlich und ruhig etwas übertrieben vor. Achten Sie dabei auf die Länge des dem Buchstaben vorausgehenden Vokals.

2 | Der s-Laut

Der s-Laut kann stimmhaft oder stimmlos gesprochen werden. Das stimmhafte oder weiche *s* klingt und schwingt; das stimmlose oder harte *s* wird mehr gezischt. Wer sich an die Standardaussprache hält, spricht ein stimmhaftes *s*

- am Wortanfang vor Vokalen: *Sonne, Sand, See*
- im Wortinneren zwischen Vokalen: *lesen, dösen, Rasen*
- wenn ein *l, m, n* oder *r* vorausgeht: *Hülse, Bremse, Sense, Ferse*

In manchen Gegenden, insbesondere im Süden, wird überhaupt kein stimmhaftes *s* gesprochen. Das macht nichts, denn die Wörter werden dadurch nicht entstellt oder unkenntlich. *Sonne, Sand* und *See* werden mit stumpfem *s* genauso verstanden wie mit klingendem *s*. Beim Schreiben allerdings wird der Unterschied zwischen stimmhaftem und stimmlosem s-Laut sehr wohl beachtet.

Merksatz

Der stimmhafte s-Laut wird immer als einfaches *s* geschrieben.

Der stimmlose s-Laut hat gleich drei Schreibweisen: Er wird mal als einfaches *s*, mal als *ss* und mal als *ß* geschrieben. Sehen Sie sich zunächst den Unterschied zwischen *ss* und *ß* an. Bitte sprechen Sie dazu die Wörter in den folgenden Gegensatzpaaren:

Strass : Straße
pressen : Preußen
riss : stieß
floss : Floß
Küsse : Grüße

In den Wörtern links steht vor dem s-Laut ein kurzer Vokal, in den Wörtern rechts steht ein langer Vokal oder ein Diphthong. Daraus können Sie die folgende Regel ableiten:

Merksatz

Der stimmlose s-Laut, der im Wortstamm keinen Folgekonsonanten hat, wird als *ss* geschrieben, wenn ihm ein kurzer Vokal vorausgeht (Beispiel: *er muss, er musste*); er wird als *ß* geschrieben, wenn ihm ein langer Vokal oder ein Diphthong vorausgeht (Beispiel: *die Muße, heiß*).

Der Rest ist einfaches *s*. Bitte beachten Sie die folgenden Besonderheiten:

- Nach einem langen Vokal oder Diphthong wird der stimmlose s-Laut als *s* (und nicht *ß*) geschrieben, wenn in der verlängerten Form der s-Laut stimmhaft ist. So sind *Häuser* und *Gläser* der Grund, weshalb *Haus* und *Glas* mit einfachem *s* enden.

- Wörter mit der Endung *-nis* sowie bestimmte Fremdwörter werden ebenfalls nur mit einfachem *s* geschrieben, obwohl die Mehrzahl mit Doppel-s gebildet wird: *Zeugnis, Bus, Atlas, Globus*.

Über diese Fälle werden Sie jedoch kaum stolpern. Achten Sie lieber auf die Unterscheidung von *ss* und *ß*.

Tipp

Arbeiten Sie mit der Kurzformel „Kurzer Laut: *ss*; langer Laut: *ß*."

Eine Ausnahme von der Regel ergibt sich bei der Großschreibung. Hier *müssen* Sie das *ß* durch *ss* ersetzen, denn es kommt ja als Großbuchstabe gar nicht vor. Und jetzt noch ein allerletzter Hinweis: Ob man *das* oder *dass* schreibt, ist keine Frage der Laute, sondern der Wortart.

→ Baustein 16

Übung

Bitte entscheiden Sie, ob die Wörter in Großbuchstaben mit *ss* oder *ß* geschrieben werden.

Ich MUSS _____ mir aufschreiben, wann der

KONGRESS _____ stattfindet. Ich bin nämlich so

VERGESSLICH _____ zurzeit. Das liegt wohl am STRESS

_____. Mir ist selbst mit Bananen und ERDNUSSBUT-

TER _____ nicht mehr zu helfen. Letzte Woche

habe ich glatt den Vortrag VERPASST _____, auf den

ich mich so gefreut hatte. Allerdings scheint mir da mehr STUSS

_____ als GENUSS _____

entgangen zu sein. Der Referent sei kein BISSCHEN _____

vorbereitet gewesen, HIESS _____ es am nächsten

Tag in der Mensa. Irgendwann sei der rote Faden GERISSEN

_____ und zum SCHLUSS _____

habe er sich selbst widersprochen. Das habe er zunächst als kleines

MISSVERSTÄNDNIS _____ auf Seiten des Publikums

abtun wollen. Als ein paar UNVERDROSSENE _____

nicht LOCKERLIESSEN _____, habe er AUSSER

_____ Beschimpfungen überhaupt nichts mehr

zu sagen GEWUSST _____. Das MASS

_____ sei voll. Es sei nicht seine Aufgabe, die

platte MASSE _____ zu bedienen. Du siehst, der

Mann war nur MÄSSIG _____ überzeugend. Ich

WÜSSTE _____ gerne, wer dieses ASS

_____ eingeladen hat. WEISST _____

du das?
_____

3 Das Stammprinzip

Erinnern Sie sich aus frühen Schulzeiten noch an Wortfamilien?
In der Mitte steht der Stamm und drum herum stehen die Wörter,
die aus dem Stamm hervorgegangen sind.

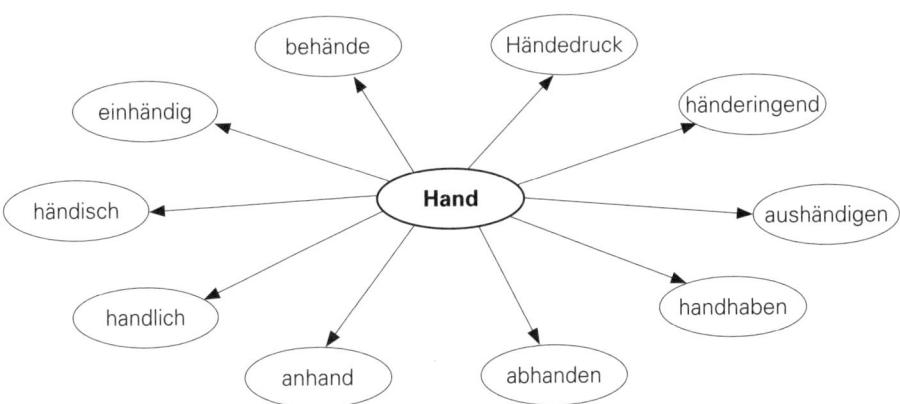

In den Ablegern soll der Stamm möglichst deutlich erhalten bleiben. Das ist das Stammprinzip. Daraus ergibt sich auch die Regel,
die bestimmt, was passiert, wenn drei gleiche Buchstaben zu-
sammenkommen. Hier ist sie:

Merksatz
Wenn in einer Zusammensetzung drei gleiche Buchstaben aufeinandertreffen, wer-den alle drei ausgeschrieben. Allerdings kann man einen Bindestrich setzen, um die Lesbarkeit des Ganzen zu verbessern.

Nuss + Schale → Nussschale oder *Nuss-Schale*
Miss + Stand → Missstand oder *Miss-Stand*
hell + lila → helllila oder *hell-lila*
Kaffee + Ersatz → Kaffeeersatz oder *Kaffee-Ersatz*
Tee + Ei → Teeei oder *Tee-Ei*

→ Baustein 20

Die *Nussschale* und der *Missstand* sind durchaus ohne Bindestrich zu bewältigen. *Helllila* dagegen klingt ein bisschen nach *Halali* und *Holdrio*. Da ist man froh über einen Bindestrich als Lesehilfe. Das Gleiche gilt für den *Kaffee-Ersatz* und das *Tee-Ei*.

> **Tipp**
>
> Der Leser soll jedes Wort beim ersten Lesen erfassen können. Machen Sie diese Vorgabe zum Kriterium dafür, ob Sie einen Bindestrich setzen oder nicht.

Insgesamt zwingt die Regel für die drei gleichen Buchstaben zu mehr Achtsamkeit beim Schreiben: Man muss sich bewusst machen, aus welchen Bestandteilen sich ein Wort zusammensetzt. Passen Sie also auf, wenn Sie am *helllichten* Tag den *Rollladen* hochziehen und *Brennnesseltee* trinken.

4 Fremdwörter

Fremdwörter sind eine Ihrer leichtesten Übungen, wenn Sie klug damit umgehen. Dann werden Sie nämlich Fremdwörter, die nicht notwendig sind, gar nicht verwenden; Fremdwörter, die zum Fach gehören, sind Fachwissen und Ihnen als solches nicht fremd. Das macht die Sache einfach. Wenn Sie dann noch ein paar Vorsichtsmaßnahmen beachten, dürfte nichts schiefgehen.

Es gibt Fremdwörter, die man so oft hört, dass sie einem kaum noch fremd vorkommen. Doch gerade diese Wörter sind beim Schreiben oft ein kleines bisschen anders, als man denkt. So geben Sie Ihr Handy nicht zur **Reperatur*, sondern zur *Reparatur*, Sie lesen ein Buch nicht im **Orginal*, sondern im *Original*; Sie wählen nicht zwischen **Paralellveranstaltungen*, sondern zwischen *Parallelveranstaltungen*. Wenn Sie sich nicht hundertprozentig sicher sind, wie ein Wort geschrieben wird, dann schlagen Sie lieber nach.

Bitte achten Sie auch darauf, dass Sie das Fremdwort in seiner Bedeutung richtig erfassen. Manche Wörter sehen sich so ähnlich, dass man schnell mal das falsche setzt. Denken Sie nur an *effektiv* und *effizient, ignorieren* und *Ignoranz, Statue und Statur.* Oder machen Sie einen Sprung und beschäftigen Sie sich mit dem *Substantiv* und dem *Subjekt.* Die beiden werden sehr oft verwechselt.

→ Bausteine 6 und 22

Tipp
Seien Sie vorsichtig mit Fremdwörtern, die für Sie etwas Fremdes haben. Denken Sie als Erstes über ein passendes deutsches Wort nach. Wenn Ihnen keins einfällt und Sie bei Ihrem Fremdwort bleiben möchten, dann schlagen Sie es in einem Fremdwörterbuch nach. Prüfen Sie die Bedeutung *und* die Schreibweise. Sehen Sie sich Anwendungsbeispiele an, etwa unter http://wortschatz.uni-leipzig.de/

5 Worttrennung

Beim Stichwort *Worttrennung* denken Sie wahrscheinlich als Erstes an die entsprechende Funktion in Ihrem Textverarbeitungsprogramm. Die ist in der Tat sehr hilfreich. Dennoch sollten Sie die Regeln der Worttrennung auch selbst beherrschen, damit Sie manuell eingreifen können. Schließlich ist nicht jede richtige Trennung auch eine kluge Trennung. Und selbst eine kluge Trennung ist nicht immer eine erwünschte Trennung. So sollten nie mehr als drei Trennungen aufeinanderfolgen. Überprüfen Sie in Ihren Arbeiten die Silbentrennung ganz zum Schluss und achten Sie dabei auf alle drei Kriterien: auf die Regeln, auf die Lesbarkeit und auf das Aussehen. Hier sind die Regeln:

Merksatz
Zusammensetzungen werden nach ihren Bestandteilen getrennt, einfache Wörter nach Sprechsilben. Die hören Sie, wenn Sie sich das Wort langsam vorsagen.

Stu-die-ren-de schrei-ben diens-tags mor-gens vie-le Ar-bei-ten.

Wenn die Studierenden ihre Arbeiten nicht morgens schreiben, sondern abends, denn dürfen Sie das *nicht* trennen. Denn es soll kein einzelner Vokal für sich stehen. Trennungen wie *a-bends,* *o-der,* *E-sel* sind falsch.

Merksatz

Bei mehreren Konsonanten hintereinander trennt man den letzten ab.

Der Künst-ler schätzt dunk-le Far-ben und fül-lige For-men.

Diese Regel gilt auch für das *st*. Die alte Regel – „Trenne nie *st*, denn es tut ihm weh" – ist aufgehoben.

Wir tes-ten die bes-ten Weine aus dem Wes-ten.

Merksatz

Buchstabenverbindungen, die für einen einzigen Konsonanten stehen, werden nicht getrennt. Das gilt für *ch, ck, sch, ph* und *th*.

Im deut-schen Seminar lesen wir Stro-phen von Goe-the und bli-cken la-chend in die Zukunft.

Das *ck* wird also nicht mehr aufgelöst in *k-k*. Das sehen Sie nur noch in Texten mit alter Rechtschreibung.

Merksatz

Fremdwörter können nach ihren Bestandteilen in der Herkunftssprache oder nach den Regeln der deutschen Silbentrennung getrennt werden.

In-ter-es-se oder *In-te-res-se*
Päd-ago-gik oder *Pä-da-go-gik*
Kor-re-spon-denz oder *Kor-res-pon-denz*

Schließlich können Sie auch bei einigen deutschen Wörtern ent-scheiden, ob Sie sie als Zusammensetzungen behandeln und nach Bestandteilen trennen oder ob Sie nach Sprechsilben vor-gehen: *war-um* oder *wa-rum*, *hin-auf* oder *hi-nauf*, *ein-ander* oder *ei-nander*.

Die Worttrennung ist von den Regeln her einfach. Die größte Leistung, die sie Ihnen abverlangt, ist das genaue Hinsehen.

Zweite Einheit: Wörter

Der deutsche Wortschatz umfasst rund 500.000 Wörter. Daraus bedient sich der durchschnittliche Sprecher mit 12.000 bis 16.000 Wörtern. Das ist sein aktiver Wortschatz. Sein passiver Wortschatz – das ist der, den er versteht, – liegt bei rund 50.000 Wörtern. Allerdings ist die bloße Zahl der Wörter noch keine Aussage darüber, wie gut oder schlecht sein Sprachstil ist. Darüber entscheidet nämlich nicht die Masse des Materials, sondern die Qualität der Verarbeitung. Um die zu gewährleisten, muss man wissen, wie sich die Wörter verhalten. Darum geht es in dieser Einheit.

Nach den Verhaltensmerkmalen kann man Wörter in Gruppen einteilen. Diese Gruppen nennt man *Wortarten*. Hier werden Sie es mit zehn Wortarten zu tun haben, und zwar mit den folgenden:

- das **Substantiv** (Hauptwort): *Satz, Schrift, Papier*
- der **Artikel** (Geschlechtswort): *der, die, das, ein, eine*
- das **Pronomen** (Fürwort): *du, dein, dieses, man, wer?*
- das **Adjektiv** (Eigenschaftswort): *gut, freundlich, gestrig*
- das **Verb** (Tätigkeitswort): *schreiben, haben, sein*
- das **Adverb** (Umstandswort): *sehr, gern, gestern*
- das **Numerale** (Zahlwort): *drei, dritte, Drittel, dreifach*
- die **Präposition** (Verhältniswort): *in, an, auf, nach, zu*
- die **Konjunktion** (Bindewort): *und, oder, weil, obwohl*
- die **Interjektion** (Ausrufewort): *au, ätsch, igitt*

Die Wortarten werden Ihnen helfen, die Wörter nicht nur inhaltlich zu sehen, sondern auch ihre grammatische Leistungsfähigkeit zu erkennen. Dadurch können Sie die Wörter mit mehr Wirkung einsetzen. Die Wortarten helfen Ihnen außerdem bei der Groß- und Kleinschreibung und sie erklären den Unterschied zwischen *das* und *dass*.

6 Das Substantiv

Das Substantiv ist Ihnen vielleicht unter einem anderen Namen bekannt. Es verkehrt auch als *Nomen, Nennwort, Dingwort, Gegenstandswort* oder *Hauptwort*. All diese Bezeichnungen sagen etwas über seine Eigenschaften aus. Das Substantiv ist das Wort, das die Dinge und Erscheinungen beim Namen nennt und das im Verbund mit anderen Wörtern die Hauptrolle spielt. Es bestimmt, wie seine Begleiter sich verhalten. Darüber hinaus kann man die folgenden Merkmale feststellen:

- Das Substantiv wird großgeschrieben.
- Es gibt typische Substantivendungen: *Klugheit, Heiterkeit, Weisung, Günstling, Täterschaft, Eigentum, Diskussion.*
- Die meisten Substantive können im Singular *und* im Plural stehen. Manche Substantive kommen nur im Singular vor: *das Obst, der Durst*; andere gibt es nur im Plural: *die Ferien, die Leute.*
- Das Substantiv hat ein Geschlecht.
- Das Substantiv steht immer in einem von vier Fällen.

Zwei dieser Merkmale machen manch einem zu schaffen: das Geschlecht (das Genus) und die vier Fälle (die Kasus). Deshalb kriegen die eine Extrabehandlung.

Das Genus

Die drei Genera (so heißt der Plural) im Deutschen sind:

- das **Maskulinum** (männlich): *der Satz*
- das **Femininum** (weiblich): *die Schrift*
- das **Neutrum** (sächlich): *das Papier*

Schon die Tatsache, dass es drei Genera gibt, sollte Hinweis genug sein, dass das grammatische Geschlecht mit dem biologischen Geschlecht nichts zu tun hat. Denn das kommt ja nur in zwei Versionen daher. Trotzdem soll es bei Personenbezeichnungen eine Deckungsgleichheit geben: Wenn Personen männlichen Geschlechts gemeint sind, sollen sie durch das Maskulinum bezeichnet werden: *der Mann, der Junge, der Onkel.* Für Personen weiblichen Geschlechts soll das Femininum stehen: *die Frau, die Tante, die Hebamme.* Beim *Mädchen* und beim *Kerlchen* geht die Rechnung schon nicht mehr auf. Und wenn beide Geschlechter gemeint sind, erfordert die Rechnung einige Akrobatik. Die kann so aussehen:

- Doppelnennung: *Professorinnen und Professoren*
- Schreibung mit großem I: *ProfessorInnen*
- Schreibung mit Schrägstrich: *Professor/inn/en*

Die erste Version, die Doppelnennung, ist gut für Anreden, aber in einem längeren Text sehr belastend. Denn wenn man das Muster einmal angefangen hat, muss man es durchhalten bis zum bitteren Ende. Das sieht dann so aus: *Das Fremdsprachenangebot richtet sich an Hörerinnen und Hörer aller Studiengänge. Es gibt Kurse für Anfängerinnen und Anfänger und für Fortgeschrittene. Die Dozentinnen und Dozenten sind Muttersprachlerinnen und Muttersprachler.* Das dürfte reichen, um Sie zu überzeugen.

Die zweite Version – das große I mitten im Wort – ist nach den Regeln der Rechtschreibung nicht vorgesehen. Deshalb ist es immer auffällig. Fragen Sie sich, ob Sie wirklich mit einer Binnenmajuskel (so nennt man das) auffallen wollen oder ob es nicht bessere Möglichkeiten gibt, sich hervorzutun.

Die dritte Version sieht aus, als hätten Sie Ihren Text gerade aus einer Häckselmaschine gerettet. Schrecklich. Also sollten Sie sich etwas Besseres einfallen lassen.

Zunächst einmal bedenken Sie bitte, dass das Genus eine grammatische Kategorie ist. Ihre Bedeutung liegt in der Grammatik. Beim Text jedoch kommen noch etliche weitere Dimensionen dazu, so etwa das Weltwissen des Lesers. Wenn ich zum Beispiel schreibe, dass der durchschnittliche Sprecher einen aktiven Wortschatz von 12.000 bis 16.000 Wörtern hat, dann *wissen* Sie, dass sich die Aussage auf Männer und Frauen bezieht. Ich brauche das grammatisch gar nicht sichtbar zu machen.

Wenn Sie beide Geschlechter nennen wollen oder müssen, dann können Sie Folgendes tun:

* Setzen Sie geschlechtsneutrale Formen. Diese Taktik ist der Grund, weshalb Sie nicht mehr *Studenten* und *Studentinnen* sind, sondern *Studierende*. Allerdings sind solche Formen nicht immer zur Hand.

* Erklären Sie gleich in der Einleitung Ihrer Arbeit, dass eine Form des grammatischen Geschlechts für Männer *und* Frauen steht. Das erspart Ihnen im Laufe des Textes hundert *Kundinnen und Kunden* oder *Klientinnen und Klienten.*

* Alternativ zu der Erklärung im Text können Sie beim ersten Auftreten der Personenbezeichnung eine Fußnote setzen. Ihr Text könnte so lauten: „Hier und im Folgenden bezeichnet das Maskulinum Männer *und* Frauen."

Sie sehen: Wer über Doppelungen beim grammatischen Geschlecht stolpert, hat sich die Steine selbst in den Weg gelegt.

Der Kasus

Der Kasus ist die Beugungsform, die anzeigt, welche Rolle das Substantiv (oder sein Vertreter) im Satz spielt. Wenn Ihnen das zu abstrakt ist, können Sie sich den Kasus auch vorstellen als die Perspektive, aus der Sie das Wort sehen. Aus irgendeiner Richtung *müssen* Sie sehen; von daher ist der Kasus *immer* als Merkmal vorhanden – auch dann, wenn keine besondere Beugungsendung dasteht. Der Kasus erstreckt sich auch auf die Begleiter des Substantivs. Die Beugung des Substantivs und seiner Begleiter nennt man *Deklination*; Substantive werden *dekliniert*.

Im Deutschen unterscheidet man vier Fälle. Im folgenden Satz sind sie alle vorhanden:

Die Frau des Kochs gibt dem Hund ein Ei.
Wer oder was? – *die Frau* – **Nominativ** (Werfall)
Wessen Frau? – *des Kochs* – **Genitiv** (Wesfall)
Wem? – *dem Hund* – **Dativ** (Wemfall)
Wen oder was? – *ein Ei* – **Akkusativ** (Wenfall)

Der Nominativ

Nominativ kommt vom lateinischen nominare – nennen. Der Nominativ nennt erst einmal nur das Wort.
→ Baustein 22

Der Nominativ ist der Normalfall. Er beantwortet die Frage, wer oder was handelt: *Der Referent redet. – Wer oder was redet? – Der Referent.* Der Nominativ ist der Fall, in dem das Wort im Wörterbuch steht. Er kann außerhalb des Satzes auftreten, etwa in der Anrede. Im Satz ist er von allen Fällen der wichtigste, da er das Subjekt (den Satzgegenstand) markiert. Und ohne Subjekt ist kein Satz zu machen.

Der Genitiv

Der Genitiv wird mit *Wessen?* erfragt: *Die Arbeit dieses Künstlers gefällt mir. – Wessen Arbeit gefällt mir? – dieses Künstlers.* Der Genitiv kann unterschiedliche Verhältnisse darstellen:

*   Besitz: *das Kapital der Gesellschaft*
*   Anteil: *die Hälfte der Stunde*
*   Eigenschaften: *eine Frau der Tat*
*   Urheber einer Handlung: *der Vortrag des Referenten*
*   Gegenstand einer Handlung: *das Auspfeifen des Referenten*

Der Genitiv kann auch durch Verhältniswörter bedingt werden: *trotz des Verzugs, wegen des Staus, während des Urlaubs.*

Zwei Kardinalfehler treten im Zusammenhang mit dem Genitiv auf. Der erste betrifft die Verwendung, der zweite das Genitiv-s. Der Genitiv wird oft auf krummen Touren umgangen, zum Beispiel so: *Damit widerspricht er den Ausführungen *von seinem Vorgänger.* Oder so: **Dem Vorgänger seine Ausführungen beruhen auf falschen Daten.* Solche Formulierungen werden Sie – je nachdem, wo Sie studieren – hundertmal am Tag hören, aber sie gehören nicht geschrieben. Beim Schreiben halten Sie sich an die Standardsprache, und da muss es heißen: *die Ausführungen seines Vorgängers.*

Der zweite häufige Genitiv-Fehler hat sich aus dem Englischen eingeschlichen. Da wird das Genitiv-s mit einem Apostroph vom Wort getrennt: *Peter's paper.* Im Deutschen ist der Apostroph fehl am Platz. Es ist *Peters Referat,* nicht **Peter's Referat.* Nur Namen, die auf Zischlaut enden, brauchen den Apostroph. Die schreiben Sie so: *Thomas' Beitrag, Leibniz' Lehre, Gombrowicz' Romane.*

Neben diesen Bananenschalen gibt es noch eine weitere Rutschgefahr, die nicht so leicht zu erkennen ist. Probe aufs Exempel: *Die Anschuldigungen des Anwalts sind nicht nachvollziehbar.* Hier weiß man nicht, wie der Genitiv zu verstehen ist: Hat nun der Anwalt einen Dritten beschuldigt oder ein Dritter den Anwalt? Um das klarzustellen, müsste man umformulieren: *die Anschuldigungen, die der Anwalt vorbrachte,* oder *die Anschuldigungen gegen den Anwalt.* Achten Sie bitte darauf, dass bei Ihren Genitiven keine Missverständnisse aufkommen.

Der Dativ

Der Dativ wird mit *Wem?* erfragt. Die Bedeutungszusammenhänge sind kaum auf einen Nenner zu bringen. Am besten sehen Sie sich Beispiele an:

> *Dem Programm* traue ich nicht. Selbst wenn du *der Anleitung* folgst, bleibst du irgendwann hängen. Deshalb empfehle ich *den Studierenden* dieses Programm hier. Mit *diesem Programm* bin ich von *Anfang* an zurechtgekommen. Es bietet gerade *dem ungeübten Benutzer* viele Vorteile.

Der Dativ tritt als die Satzergänzung auf, der sich die Handlung zuwendet, oder er folgt auf Verhältniswörter (*mit, von*). Er ist leicht zu handhaben. Unsicherheiten bereitet höchstens einmal

Im Dativ steckt das lateinische *dare* – *geben.* Wem gebe ich etwas?

das Dativ-e. Heißt es *im Haus* oder *im Hause, aus diesem Grund* oder *aus diesem Grunde, in seinem Sinn* oder *in seinem Sinne?* Das können Sie machen, wie Sie wollen. Nehmen Sie die Version, die in Ihren Ohren den besseren Rhythmus ergibt.

Der Akkusativ

Das lateinische accusare heißt anklagen. Wen oder was klage ich an?

Der Akkusativ wird mit *Wen oder was?* erfragt. Er kennzeichnet das Substantiv, wenn es als Satzergänzung von der Handlung betroffen ist. Das sieht so aus:

> Ich habe *den Text* gelesen, aber *die Aussage* nicht verstanden. Der Autor kündigt *zehn Thesen* an und verspricht *einen neuen Denkansatz.* Ich konnte nur *zwei Argumente* erkennen. Genau *diese Argumente* habe ich schon fünfmal anderswo gelesen. *Den neuen Ansatz* habe ich nicht gefunden.

Ansonsten wird auch der Akkusativ durch Verhältniswörter bestimmt, so zum Beispiel durch diejenigen, die eine Richtung angeben: *Stell den Kaffee bitte <u>auf</u> den Schreibtisch <u>neben</u> den Computer <u>hinter</u> die Kekse.*

Jetzt kennen Sie das Geheimnis der vier Fälle: Sie ergeben nur im Satz einen Sinn. Ohne Satz sind sie nicht zu fassen. Als Vorbereitung für den Satzbau können Sie üben, die Fälle zu erkennen.

Übung

Bitte bestimmen Sie für die Wörter in Großbuchstaben den Fall. Fragen Sie *Wer oder was?* (Nominativ), *Wessen?* (Genitiv), *Wem?* (Dativ), *Wen oder was?* (Akkusativ).

Die meisten MENSCHEN (_____) haben ein emotionales VERHÄLTNIS

(_____) zum Geld. Sie klappern drei GESCHÄFTE (_____) ab, um

zwanzig CENT (_____) beim Kaffee zu sparen. Sie schauen über zwei-

hundert EURO (_____) hinweg, wenn sie ein AUTO (_____) kaufen.

GELDANLAGEN (_____) überlassen sie gerne dem HERDENTRIEB (_____).

Wenn alle AKTIEN (_____) kaufen, dann können AKTIEN (_____) ja gar nicht so schlecht sein. Diese LOGIK (_____) haben viele ANLEGER

(_____) mit ihrem VERMÖGEN (_____) bezahlt. Selbst FINANZEXPERTEN

(_____) sind gegen DUMMHEITEN (_____) nicht gefeit. NEID (_____)

und GIER (_____) können den kühlsten KOPF (_____) hitzig machen.

Dann wiegt der GEWINN (_____) des KOLLEGEN (_____) schwerer als

alle KENNTNIS (_____) des MARKTES (_____).

7 Der Artikel

Der Artikel heißt auf Deutsch *Geschlechtswort.* Er tritt immer
zusammen mit einem Substantiv auf und zeigt dessen grammatisches Geschlecht an. Es gibt ihn in zwei Ausführungen:

* als **bestimmten Artikel**: *der, die, das*
* als **unbestimmten Artikel**: *ein, eine, ein*

Der Artikel selbst verhält sich unauffällig. Beachten sollten Sie
ihn allerdings als Hinweis auf Großschreibung. Wo immer ein
Artikel steht, wird im engeren oder weiteren Umfeld etwas großgeschrieben.

→ Baustein 18

8 Das Pronomen

Das Pronomen oder Fürwort kann für das Substantiv stehen:

Pro heißt *für,* und
Nomen ist eine
andere Bezeich-
nung für das
Substantiv.

> Nana sucht Tom. // *Sie* sucht *ihn.*
> Der Mensch braucht freie Zeit. // *Man* braucht *sie.*
> Die Geschichte glaube ich nicht. // *Das* glaube ich nicht.

Sie merken an den Beispielen, erstens dass Pronomen sehr unterschiedlich sind, zweitens dass sie einen Bezugsrahmen brauchen. Sonst ist der Sinn nicht zu erkennen. *Das glaube ich nicht*
kann sich auf alles Mögliche beziehen; worauf es sich tatsächlich
bezieht, das muss der Kontext hergeben.
  Neben solchen Pronomen, die das Substantiv ersetzen, gibt es
auch Pronomen, die das Substantiv begleiten.

Wir haben *dasselbe* Seminar belegt. Ich brauche *dieses* Seminar für *meine* Abschlussarbeit.

Diese begleitenden Pronomen werden auch *Artikelwörter* genannt. Sie sind – genau wie der Artikel – ein Hinweis auf Großschreibung. Die Pronomen sind also eine sehr gemischte Gruppe; man kann sieben verschiedene Typen darin ausmachen. Hier sind sie im Überblick:

→ Baustein 18

- das **Personalpronomen** oder persönliche Fürwort
- das **Reflexivpronomen** oder rückbezügliche Fürwort
- das **Possessivpronomen** oder besitzanzeigende Fürwort
- das **Demonstrativpronomen** oder hinweisende Fürwort
- das **Relativpronomen** oder bezügliche Fürwort
- das **Interrogativpronomen** oder Fragefürwort
- das **Indefinitpronomen** oder unbestimmte Fürwort

Das Personalpronomen

Das Personalpronomen zeigt die grammatische Person an: *ich, du, er, sie, es, wir, ihr, sie*. Daher nennt man es auch *persönliches Fürwort*. Es wird folgendermaßen dekliniert:

Nominativ	Genitiv	Dativ	Akkusativ
ich	meiner	mir	mich
du	deiner	dir	dich
er	seiner	ihm	ihn
sie	ihrer	ihr	sie
es	seiner	ihm	es
wir	unser	uns	uns
ihr	euer	euch	euch
sie	ihrer	ihnen	sie

Die Genitivformen werden Ihnen kaum noch begegnen. Sie wirken veraltet und werden deshalb meist umgangen: *Sie erinnerten sich meiner.* → *Sie erinnerten sich an mich.* Die anderen Formen begegnen Ihnen umso häufiger. Schon wegen der Groß- und Kleinschreibung bei Anreden ist es wichtig, sie zu erkennen.

→ Baustein 18

Das Reflexivpronomen

Mit dem Reflexivpronomen haben Sie es dann zu tun, wenn Sie *sich freuen, sehnen, schämen, wundern* oder gar *verlieben*. All diese Handlungen können nur Sie für sich durchführen. Niemand anderes kann Sie verlieben. Es funktioniert nur mit Rückbezug auf den Handlungsträger: *ich verliebe mich, du verliebst dich, er verliebt sich.* Deshalb spricht man auch von einem *rückbezüglichen Fürwort.*

Bei echten reflexiven Verben ist allein der Rückbezug möglich. Daneben gibt es unechte reflexive Verben, bei denen auch ein anderer Bezug hergestellt werden kann. So kann ich *mich verletzen,* aber ich kann auch *ihn* oder *sie verletzen.* Das Reflexivpronomen wird immer kleingeschrieben – auch dann, wenn es sich auf eine angeredete Person bezieht.

Das Possessivpronomen

Das Possessivpronomen ist die Reihe *mein, dein, sein, unser, euer, ihr.* Es zeigt Besitz an:

> *Mein* Freund hat *sein* Auto zu *deinem* Bruder in die Werkstatt gebracht. Aus *unserer* Reise wird nichts, es sei denn, ihr gebt uns *euer* Auto oder die Schneiders leihen uns *ihr* Auto.

Beim Possessivpronomen ist in Briefen und anderen Textsorten, in denen jemand direkt angeredet wird, auf die Groß und Kleinschreibung zu achten. → Baustein 18

Das Demonstrativpronomen

Demonstrativpronomen sind eine größere Familie. Hier sind die Mitglieder:

- der, die, das
- dieser, diese, dieses
- jener, jene, jenes
- derjenige, diejenige, dasjenige
- derselbe, dieselbe, dasselbe

Sie können sich das Demonstrativpronomen als Fingerzeig vorstellen. Es verweist auf etwas im Text oder in der Welt. Es kann ein Substantiv begleiten, aber auch ersetzen. Bitte vergleichen Sie:

> Der Hörsaal ist dunkel, stickig und überfüllt. *Dieses* Umfeld macht das Lernen nicht gerade leichter. – *Das* [für: diese Aussage] glaube ich dir aufs Wort. – *Das* macht so manche Vorle-

sung umwerfend. Wer nicht gut beieinander ist, *den* haut es um.

Das Pronomen *den* im letzten Satz ist vielleicht nicht auf Anhieb zu erkennen. Es ist die Akkusativform von *der.*

> **Tipp**
>
> Bitte beachten Sie: Was über das Pronomen gesagt wird, gilt für alle seine Formen, nicht nur für den Nominativ.

→ Baustein 16

Ist Ihnen aufgefallen, dass Sie nun schon zwei verschiedene *das* kennen gelernt haben? Das erste ist *das* als Artikel, das zweite ist *das* als Demonstrativpronomen. Beide Versionen werden mit einem *s* geschrieben.

Das Relativpronomen

Relativpronomen sind *der, die, das, welcher, welche, welches* und *wer* und *was. Der, die, das* ist unauffällig; *welcher, welche, welches* wirkt veraltet. *Wer* und *was* weisen ein paar Besonderheiten auf.

Zunächst zum häufigsten Gebrauch: Da macht das Relativpronomen einen Nebensatz an einem vorausgehenden Substantiv (oder Stellvertreter) fest. Es ist das Verbindungsstück, das in beide Richtungen wirkt: Im Genus passt es sich an sein Bezugswort an; im Kasus richtet es sich nach seiner Funktion im Relativsatz. Im folgenden Text sehen Sie, wie das geht.

Die Wohnung, die wir uns am Samstag angesehen haben, können wir haben. *Der Vermieter, den* ich schon abgeschrieben hatte, hat heute Morgen Bescheid gesagt. Allerdings wollen *die Vormieter, die* ziemlich viel renoviert haben, einen Abstand haben. Darauf wird *Nana, die* in chronischer Geldnot ist, sich nicht einlassen. *Das bisschen, was* sie hat, wird sie nicht für einen Abstand hinlegen wollen. Andererseits ist diese Wohnung *das beste Angebot, das* wir hatten. Nana sagt, dass das *beste Angebot, das* wir hatten, immer noch vom allerbesten übertroffen werden kann.

Zur Verdeutlichung nehmen Sie am besten den zweiten Satz. Der Hauptsatz lautet: *Der Vermieter hat heute Morgen Bescheid gesagt.* Das Substantiv *der Vermieter* ist Maskulinum und steht als Subjekt im Nominativ. Nun wird *der Vermieter* im Relativsatz näher beschrieben: *den ich schon abgeschrieben hatte*. Festgemacht ist dieser Relativsatz mit dem Relativpronomen *den*. Es steht im Maskulinum, damit es zum Vermieter passt; es steht im Akkusativ, damit es als Objekt in den Relativsatz passt: *Wen oder was hatte ich schon abgeschrieben?* Der Kasus könnte sich mit der Aussage des Relativsatzes ändern. Zum Beispiel so:

> Der Vermieter, *der* (Nominativ) einen Einkommensnachweis verlangt, hat Bescheid gesagt.
> Der Vermieter, *dessen* (Genitiv) Forderungen überzogen sind, ...
> Der Vermieter, *dem* (Dativ) ich von Anfang an nicht getraut habe, ...

Mit einer Vermieterin würden sämtliche Anschlüsse ins Femininum gesetzt:

> Die Vermieterin, *die* einen Nachweis verlangt, ...
> Die Vermieterin, *deren* Forderungen überzogen sind, ...
> Die Vermieterin, *der* ich nicht getraut habe, ...
> Die Vermieterin, *die* ich schon abgeschrieben hatte, ...

Ein Maklerbüro würde ein Relativpronomen im Neutrum verlangen. Damit wäre man dann bei einem weiteren *das* mit einfachem *s*. → Baustein 16
  Die Relativpronomen *wer* und *was* verhalten sich etwas anders als die bisher besprochenen Pronomen. Sie brauchen kein vorausgehendes Substantiv. Die Einbindung in den Satz sieht so aus:

> *Wer* zu spät kommt, den bestraft das Leben.
> *Was* das bedeutet, haben wir alle schon erlebt.

In beiden Fällen kann man sich allerdings ein vorausgehendes Pronomen denken:

> *Derjenige, der* zu spät kommt, den bestraft das Leben.
> *Das, was* das bedeutet, haben wir alle schon erlebt.

Das Relativpronomen *was* kann sich auch auf den gesamten vorausgehenden Satz beziehen, etwa so:

> Die Klausur ist sehr schlecht ausgefallen, *was* kein Wunder ist bei dem Unterricht.

Derartige Relativsätze nennt man *weiterführende Relativsätze*.

Das Interrogativpronomen

Interrogativpronomen sind die Fragefürwörter *wer?, was? was für ein?, welcher?* Sie leiten Ergänzungsfragen ein. Das heißt: In der Antwort werden Informationen ergänzt.

Wer hat dir das gesagt?
Was hat er sich dabei gedacht?
Was für eine Wohnung sucht ihr?
Welches Viertel gefällt dir am besten?

Die Fragefürwörter bereiten keine Probleme. Zu beachten ist lediglich ein Punkt, der den Stil betrifft. Die Kombination aus Präposition und *was* ist Umgangssprache; deshalb sollte man sie beim Schreiben ersetzen. Das geht so:

Von was willst du leben? → Wovon …
Zu was bist du bereit → Wozu …
Nach was hast du gefragt? → Wonach …
Mit was fangen wir an? → Womit …

→ Baustein 23
Die Formen, die die Fügung aus Präposition + Pronomen ersetzen, nennt man *Pronominaladverbien.*

Das Indefinitpronomen

Indefinitpronomen bezeichnen etwas, was nicht näher bestimmt ist. Oft geht es um eine unbestimmte Zahl. Zur Gruppe der Indefinitpronomen gehören Wörter wie *alle, allerlei, ein bisschen, ein wenig, ein paar, einige, etliche, etwas, genug, jeder, jemand, kein, man, manche, mehrere, nichts, niemand, sämtliche, viel.* Sie treten als Stellvertreter und auch als Begleiter des Substantivs auf.

Bis jetzt hat sich auf meinen Aushang noch *niemand* gemeldet. Wenn ich bis Ende des Monats *keine* Mitfahrgelegenheit habe, muss ich mir *etwas* Neues überlegen. Aber *ein bisschen* Zeit habe ich ja noch.

→ Baustein 18
Für alle Pronomen ist eins zu beachten: Sie werden grundsätzlich kleingeschrieben, nur bei besonderer Verwendung groß. Doch keine Sorge: Die besondere Verwendung ist in der Regel deutlich angezeigt.

Bitte bestimmen Sie für die Wörter in Großbuchstaben, was für ein Pronomen vorliegt.

Nana hat IHREN (_____) Job im Antiquitätenladen geschmissen. Der

Besitzer, DER (_____) MIR (_____) von Anfang an nicht ganz

sauber schien, war in der Tat ein dreckiger Kerl. Zuerst sollte Nana immer

die Ausstellungsstücke putzen. DAS (_____) fand SIE (_____)

auch in Ordnung. ETWAS (_____) muss MAN (_____) ja tun, wenn

KEINE (_____) Kunden kommen. Als Nächstes verlangt DIESER

(_____) Kerl, dass SIE (_____) die Geschäftsräume putzt. DAS

(_____) hat Nana auch noch gemacht, weil IHR (_____) finanzi-

ell das Wasser bis zum Hals steht. SIE (_____) kann kaum noch IHRE

(_____) Miete bezahlen. Und gestern Abend kommt ER (_____)

an und sagt, SIE (_____) soll SEIN (_____) Bad putzen. WAS

(_____) fällt DIR (_____) dazu noch ein? Nana hat IHM

(_____) den Eimer Putzwasser über die Füße gekippt – soll ER

(_____) selbst aufputzen.

---

9 Das Adjektiv

Das Adjektiv kennen Sie vielleicht als *Eigenschaftswort* oder *Wie-wort*. Beide Bezeichnungen beziehen sich auf seine Funktion: Das Adjektiv beschreibt, wie etwas ist. Ansonsten kann man die folgenden Merkmale festhalten:

- Das Adjektiv wird kleingeschrieben.
- Es gibt typische Adjektivendungen: *windig, fröhlich, kindisch*

- Die meisten Adjektive können gesteigert werden.
- Das Adjektiv kann gebeugt werden.
- Das Adjektiv kann sich auf ein Substantiv beziehen, aber auch auf ein Tätigkeitswort.

Die letzten drei Merkmale stiften einige Verwirrung. Deshalb lohnt es sich, sie genauer zu erkunden.

Die Steigerung

Steigerung ist die Bildung von Vergleichsformen: *gut – besser – am besten; klug – klüger – am klügsten*. Man unterscheidet also drei Stufen:

- den **Positiv** (die Grundstufe): *so schnell wie du*
- den **Komparativ** (die Vergleichsstufe): *schneller als du*
- den **Superlativ** (die Höchststufe): *am schnellsten*

Am Beispiel erkennen Sie auch gleich, wo bei der Steigerung die größte Fehlerquelle liegt: beim Vergleichswort. *Wie* und *als* werden oft verwechselt. So hört und sieht man denn alle möglichen Versionen:

*Du bist schneller *wie* ich.
*Du bist schneller *als wie* ich.
Du bist schneller *als* ich.

Richtig ist nur die letzte Version: *Du bist schneller als ich*. Mit inhaltlicher Gleichheit oder Ungleichheit hat das nichts zu tun. Denn selbst bei verneinter Ungleichheit kann nur *als* stehen: *Du bist nicht schneller als ich*. Entscheidend ist allein die Stufe, auf der man sich bewegt. Hier ist die Regel:

Merksatz

Auf der Grundstufe lautet das Vergleichswort *wie*; auf der Vergleichsstufe lautet das Vergleichswort *als*.

Die zweite Fehlerquelle liegt bei der Steigerbarkeit. Nicht jedes Adjektiv kann gesteigert werden, und das wird zuweilen übersehen. Zum Beispiel hier:

Der Arbeitgeber bietet *optimalste Bedingungen. Der *einzigste Nachteil ist, dass der Vertrag befristet ist. Doch das kann mich in *keinster Weise zurückhalten. Ich werde die Frist nutzen, um das *Bestmöglichste aus der Stelle zu machen.

Optimal ist vom Lateinischen her bereits die höchste Steigerungsstufe. Einziger als einzig geht nicht, keinster als kein auch nicht. Und bestmöglichst ist eine unsinnige Doppelung. Da nützt Ihnen auch das vollste Verständnis des Lesers nichts. Die Formen sind falsch. Steigern Sie bitte nur da, wo es etwas zu steigern gibt.

Den Superlativ können Sie auch dann setzen, wenn es nicht um Vergleiche geht, sondern lediglich ein hoher Grad dargestellt werden soll. Das machen Sie etwa dann, wenn Sie vom Feinsten essen und beste Weine dazu trinken. Einen solchen vom Vergleich gelösten Superlativ nennt man absoluten Superlativ oder Elativ.

Die Steigerung hat übrigens keinen Einfluss auf die Groß- und Kleinschreibung. Wo Sie ein Adjektiv in der Grundstufe kleinschreiben, da schreiben Sie auch die Höchststufe klein. Wo Sie die Grundstufe großschreiben, schreiben Sie auch die Höchststufe groß. Bitte vergleichen Sie:

Er hat gut gespielt; sie hat am besten gespielt.
Er zweifelt am Guten; sie zweifelt selbst am Besten.

Im ersten Satz antwortet gut auf die Frage Wie? Im zweiten Satz hat das Gute die Rolle eines Substantivs übernommen und antwortet auf die Frage Woran? An diesen Fragen ändert auch die Steigerung nichts.

Die Deklination

Haben Sie auch schon dagesessen und überlegt, wie denn nun eine Endung lauten muss? Das kommt in den besten Familien vor und liegt daran, dass das Adjektiv nach unterschiedlichen Mustern dekliniert wird. Es gibt eine starke, eine schwache und eine gemischte Deklination. Welche Deklination anzuwenden ist, das richtet sich nach dem vorausgehenden Wort. Grob gesagt können Sie sich das so merken:

Merksatz

Hat das Adjektiv einen Begleiter mit starker Endung, so reicht die schwache Deklination; tritt das Adjektiv ohne Begleiter oder mit einem endungslosen Begleiter auf, so braucht es die starke Deklination.

Im Einzelnen sehen die Deklinationsendungen so aus:

Starke Deklination: Das Adjektiv ohne Artikel

	Maskulinum	Femininum	Neutrum
Singular			
Nom.	gut-er Saft	gut-e Suppe	gut-es Brot
Gen.	gut-en Saft[e]s	gut-er Suppe	gut-en Brot[e]s
Dativ	gut-em Saft	gut-er Suppe	gut-em Brot
Akk.	gut-en Saft	gut-e Suppe	gut-es Brot
Plural			
Nom.	gut-e Säfte	gut-e Suppen	gut-e Brote
Gen.	gut-er Säfte	gut-er Suppen	gut-er Brote
Dativ	gut-en Säften	gut-en Suppen	gut-en Broten
Akk.	gut-e Säfte	gut-e Suppen	gut-e Brote

Ein Adjektiv wird stark dekliniert,
- wenn ihm kein Artikel, kein Pronomen und kein Zahlwort vorausgeht
- oder wenn das vorausgehende Pronomen oder Zahlwort endungslos ist: *Ein bisschen gute Suppe kann nicht schaden, etwas gutes Brot auch nicht und viel guter Saft erst recht nicht.*

Tipp

Binden Sie das Adjektiv in kurze Sätze ein. Dann kommen Sie eher auf die richtige Form.
Nominativ: *Guter Saft schmeckt.*
Genitiv: *Das ist das Geheimnis guten Saftes.*
Dativ: *Gutem Saft bin ich nicht abgeneigt.*
Akkusativ: *Ich trinke gerne guten Saft.*

Schwache Deklination: Das Adjektiv nach dem bestimmten Artikel

	Maskulinum	Femininum	Neutrum
Singular			
Nom.	der gut-e Mann	die gut-e Frau	das gut-e Kind
Gen.	des gut-en Mannes	der gut-en Frau	des gut-en Kindes

	Maskulinum	**Femininum**	**Neutrum**
Dativ	dem gut-en Mann	der gut-en Frau	dem gut-en Kind
Akk.	den gut-en Mann	die gut-e Frau	das gut-e Kind
Plural			
Nom.	die gut-en Männer	die gut-en Frauen	die gut-en Kinder
Gen.	der gut-en Män-ner	der gut-en Frauen	der gut-en Kinder
Dativ	den gut-en Män-nern	den gut-en Frauen	den gut-en Kin-dern
Akk.	die gut-en Männer	die gut-en Frauen	die gut-en Kinder

Bei der schwachen Deklination kommen überhaupt nur zwei
Endungen vor: das -e und das -en. Ein Adjektiv wird schwach
dekliniert

* wenn ihm der bestimmte Artikel (der, die, das) vorausgeht
* oder wenn ihm ein Pronomen mit Endung – mit Ausnahme
  des Possessivpronomens – vorausgeht: _Welchem edlen Spen-
  der haben wir das zu verdanken? Diesem guten Mann und
  jener guten Frau._

Die gemischte Deklination: Das Adjektiv nach ein, kein, sein

	Maskulinum	**Femininum**	**Neutrum**
Singular			
Nom.	sein gut-er Plan	seine gut-e Idee	sein gut-es Werk
Gen.	seines gut-en Plan[e]s	seiner gut-en Idee	seines gut-en Werk[e]s
Dativ	seinem gut-en Plan	seiner gut-en Idee	seinem gut-en Werk
Akk.	seinen gut-en Plan	seine gut-e Idee	sein gut-es Werk
Plural			
Nom.	seine gut-en Pläne	seine gut-en Ideen	seine gut-en Werke
Gen.	seiner gut-en Pläne	seiner gut-en Ideen	seiner gut-en Werke
Dativ	seinen gut-en Plänen	seinen gut-en Ideen	seinen gut-en Werken
Akk.	seine gut-en Pläne	seine gut-en Ideen	seine gut-en Werke

Ein Adjektiv wird gemischt dekliniert,
- wenn ihm der unbestimmte Artikel (*ein, eine*), ein Possessivpronomen (*mein, dein, sein* ...) oder *kein* vorausgeht.

Der Bezug des Adjektivs

Das Adjektiv kann im Satz drei unterschiedliche Positionen ein-
nehmen. Bitte vergleichen Sie:

> Der *kluge* Mensch denkt, bevor er spricht.
> Der Mensch ist *klug*.
> Der Mensch handelt *klug*.

Im ersten Beispielsatz bezieht sich das Adjektiv *klug* direkt auf
das Substantiv *Mensch*. Es wird mit seinem Bezugswort gebeugt.
Grammatisch gesehen ist es eine Beifügung oder ein Attribut.
Das ist die *attributive Verwendung*.

Im zweiten Satz bezieht sich das Adjektiv inhaltlich auch auf
den Menschen; grammatisch jedoch gehört es zu dem *ist*. Das *ist*
ohne das *klug* würde als Aussage nicht reichen. Die beiden können nur zusammen die Satzaussage bilden. Die Satzaussage
nennt man auch *Prädikat*, und deshalb heißt diese Verwendung
des Adjektivs *prädikative Verwendung*.

Im dritten Satz beschreibt das Adjektiv gar nicht mehr den
Menschen, sondern die Handlung. Es bezieht sich auf das Verb.
Deshalb spricht man von *adverbialer Verwendung*. Hier noch
einmal im Überblick:

> **attributiv:** Der *kluge* Mensch denkt.
> **prädikativ:** Der Mensch ist *klug*.
> **adverbial:** Der Mensch handelt *klug*.

Bitte beachten Sie, dass in diesen drei Positionen das Adjektiv
immer kleingeschrieben wird.

10 | Das Verb

Das Verb, auch *Tuwort, Tätigkeitswort* oder *Zeitwort* genannt, ist
die Wortart, die am meisten leistet und die Ihnen im Gegenzug
am meisten abverlangt. Mit den Verben steht und fällt ein Text.
Verben sagen, was passiert, und treiben die Handlung voran. Sie
machen den Text lebendig.

Nach dem Verhalten im Satz kann man Verben in drei Gruppen einteilen: Vollverben, Hilfsverben und Modalverben.

Vollverben

Vollverben haben eine eigene Bedeutung und können allein die Satzaussage bilden. Das ist die große Mehrheit der Verben.

Nana *hört* Musik. Sie *singt*. Sie *erwartet* Gäste.

Hilfsverben

Als Hilfsverben dienen die drei Verben *haben, sein* und *werden*. Sie helfen, die zusammengesetzten Formen des Verbs zu bilden. In dieser Funktion haben sie selbst keinen Inhalt.

Nana *hat* ihre Prüfung bestanden. Letztes Semester *war* sie durchgefallen. Jetzt *wird* sie erst einmal feiern.

Setzt man die Vollverben in eine andere Form, so entfallen die Hilfsverben ohne Verlust: *Nana besteht ihre Prüfung. Letztes Semester fiel sie durch. Jetzt feiert sie.*
Haben, sein und *werden* treten nicht ausschließlich als Hilfsverben auf; sie können auch anders. Zum Beispiel so:

Nana *hat* Glück. Sie *ist* froh. Sie *wird* persönliche Assistentin einer alten Dame.

In diesen Sätzen gelten *haben, sein* und *werden* als Vollverben. Bei *haben* ist das leicht zu erkennen, denn es steht synonym für *besitzen. Sein* und *werden* dagegen sind schwieriger zu durchschauen, denn sie sind in einer speziellen Mission unterwegs: als so genannte *Kopulaverben.* Ihre Aufgabe ist es, das Subjekt (*sie*) mit einer Aussage über das Subjekt (*froh, persönliche Assistentin*) zu verbinden. Ein weiteres Kopulaverb wäre *bleiben: Nana ist und bleibt meine beste Freundin.*

Das lateinische Wort *copula* bedeutet *Band, Verbindung.*

Modalverben

Modalverben geben an, in welcher Art und Weise der Inhalt eines anderen Verbs zu verstehen ist. Das tun die Verben *dürfen, können, mögen, müssen, sollen* und *wollen*.

Das lateinische Wort *modus* bedeutet *Art und Weise.*

Nana *musste* sich Arbeit suchen. Sie *wollte* gerne kellnern. Sie *kann* nicht Taxi fahren.

Modalverben treten wie das Hilfsverb im Verbund mit anderen Verben auf. Sieht man sie mal allein stehen, dann kann man sich das Vollverb dazudenken: *Nana kann morgen Abend nicht [kommen]. Sie will ins Kino [gehen].* Es handelt sich also nicht um einen Funktionswechsel, sondern um eine Auslassung.

Die finiten Formen des Verbs

Im Wörterbuch stehen Verben in der Grundform, dem *Infinitiv.* Das Verb im Infinitiv ist auf nichts und niemanden festgelegt. Festgelegt wird das Verb erst dann, wenn man es im Satz auf den Satzgegenstand bezieht. Dann bestimmt man gleich fünf Aspekte:

Das lateinische *finis* bedeutet *Ende, Grenze.*

- die **Person**
- den **Numerus** (die Zahlform): **Singular** (Einzahl) oder **Plural** (Mehrzahl)
- das **Tempus** (die Zeitform)
- den **Modus** (die Aussageweise): **Indikativ** (Wirklichkeitsform), **Konjunktiv** (Möglichkeitsform) oder **Imperativ** (Befehlsform)
- das **Genus Verbi** (die Handlungsrichtung): **Aktiv** (Tatform) oder **Passiv** (Leideform)

Die so festgelegte Form heißt *Personalform, finite Form* oder *Finitum.* Die Festlegung nennt man *Beugung* oder *Konjugation.* Verben werden *konjugiert.* Lesen Sie, was der Konjugation im Einzelnen zu entnehmen ist.

Nicht verwechseln: Die Beugung des Substantivs und seiner Begleiter heißt *Deklination.* Substantive werden *dekliniert.*

Die Person

Die Person steht hier nicht für *Mensch,* sondern für die grammatische Kategorie. Die liegt auch dann vor, wenn es um Dinge oder Vorgänge geht. Die Person zeigt, mit welchem Gegenüber das Verb verbunden ist: mit der 1., 2. oder 3. Person Singular oder mit der 1., 2. oder 3. Person Plural. So zeigt *bin* das Gegenüber *ich* an, *bist* das Gegenüber *du, ist* ein *er, sie* oder *es* … Im Text funktioniert das so:

Ich bin erleichtert. *Weißt du* es schon? Nanas Vertrag *[er] ist* heute gekommen. *Sie ist* rundum zufrieden. Schon das Gespräch *[es] war* gut verlaufen. *Wir hoffen,* dass *ihr* auch bald etwas *findet.* Jobs *[sie] sind* rar dieses Jahr.

Der Numerus

Der Numerus wird mit der Person festgelegt. *Ich, du, er, sie, es* sind Singular; *wir, ihr, sie* sind Plural.

Das Tempus

Das Tempus ist die grammatische Zeitform, und die ist nicht gleichzusetzen mit den tatsächlichen Zeitverhältnissen. So werden Ereignisse der Vergangenheit durchaus auch in der Form der Gegenwart ausgedrückt. Die Zeitform berücksichtigt nämlich nicht nur den Inhalt des Erzählten, sondern auch den Standpunkt des Erzählers. Die sechs Zeitformen im Deutschen sind:

- das **Präsens** (die Gegenwart): *ich sehe*
- das **Perfekt** (die vollendete Gegenwart): *ich habe gesehen*
- das **Präteritum** oder **Imperfekt** (die Vergangenheit): *ich sah*
- das **Plusquamperfekt** (die vollendete Vergangenheit): *ich hatte gesehen*
- das **Futur I** (die Zukunft): *ich werde sehen*
- das **Futur II** (die vollendete Zukunft): *ich werde gesehen haben*

Das Präsens kann fast alles: Es drückt Ereignisse der Gegenwart aus (*Ich schreibe eine Hausarbeit*), aber es greift auch in die Zukunft (*Morgen gehe ich noch einmal in die Bibliothek*). Es präsentiert Vorgänge der Vergangenheit, etwa im Protokoll (*Die Referentin führt drei Gründe an*) oder in Erzählungen, die besonders lebhaft wirken sollen (*Sie ist endlich bei ihrem dritten Punkt angelangt, da gerät sie durch eine Frage völlig aus dem Konzept*). Außerdem verwendet man das Präsens für allgemeine Ausführungen.

Das Perfekt verknüpft ein Geschehen der Vergangenheit eng mit der Gegenwart (*Ich habe bereits eine Gliederung entworfen*). Im Präteritum dagegen sind die Geschehnisse der Vergangenheit von der Gegenwart gelöst. Es ist die typische Zeitform für Berichte. Das Plusquamperfekt ermöglicht die Darstellung von Vorzeitigkeit: Eine Handlung hatte sich bereits zugetragen, als die nächste geschah.

Das Futur I bezeichnet ein Geschehen, das erst noch eintreten wird (*Ich werde mir diesen Aufsatz auch noch ansehen*). Das Futur II zeigt an, dass ein Geschehen in der Zukunft bereits abgeschlossen ist (*Bis zum Abgabetermin werde ich das gut und gerne geschafft haben*). Das Futur II kann außerdem Vermutungen ausdrücken (*Die Referentin wird mit Zwischenfragen nicht gerechnet haben*).

Die wenigen Beispiele reichen bereits aus, um das Wesentliche zu zeigen: Die Zeitformen sind zwar auf sechs begrenzt; doch sie erlauben die Darstellung zeitlicher Verhältnisse in ungezählten Variationen.

Übung

Bitte bestimmen Sie die Zeitform.

Simon SCHREIBT (_____) seine Abschlussarbeit über einen gewerkschaftlichen Erwerbslosenausschuss. Das IST (_____) eine spannende Geschichte. Simon IST durch eine Freundin seiner Schwester darauf GEKOMMEN (_____). Susanne HATTE fünf Jahre lang als Pressereferentin GEARBEITET (_____) und sich vom ersten Tag an gewerkschaftlich engagiert. Als sie wegen Unstimmigkeiten mit einer Führungskraft ihre Stelle VERLOR (_____), NÜTZTE (_____) die Gewerkschaft ihr auf einmal gar nichts mehr. Da DÄMMERTE (_____) es ihr, dass Gewerkschaften für Arbeitslose nicht viel ÜBRIGHABEN (_____). Seitdem SETZT (_____) sie alles daran, das zu ändern. Sie HAT einen Großteil der Lobbyarbeit ÜBERNOMMEN (_____). Vom Zeitaufwand her ENTSPRICHT (_____) das einer Vollzeitstelle – nur dass sie nicht dafür BEZAHLT WIRD (_____). Bezahlte Arbeit WIRD sie so kaum FINDEN (_____). Das WIRD sie sich hoffentlich gut ÜBERLEGT HABEN (_____).

Der Modus

Der Modus ist die Aussageweise. Der Modus erlaubt es dem Sprecher, seine Aussage zu modifizieren. Er kann sie in der Wirklichkeit platzieren. Er kann sie in den Bereich des Möglichen oder Wünschenswerten rücken. Er kann auch eine Aufforderung daraus machen. Die drei Modi sind

- der **Indikativ** (die Wirklichkeitsform): Simon *sieht* sich die Stellenanzeigen an.

- der **Konjunktiv** (die Möglichkeitsform): Simon sagt, er *sehe* sich die Stellenanzeigen an.
- der **Imperativ** (die Befehlsform): Simon, *sieh* dir diese Anzeige an.

Der Indikativ

Der Indikativ stellt das Gesagte als etwas Wirkliches hin. Er ist die Aussageweise, die bei Weitem am häufigsten gebraucht wird – auch wenn es sich längst nicht immer um Wahrheiten handelt.

Das lateinische Wort *indicare* bedeutet *anzeigen*. Der Indikativ zeigt an, was ist.

Der Wirtschaftsminister *ist* zufrieden mit dem Ergebnis der Reformen. Die Arbeitgeber *werden* angespornt, Arbeit in Arbeitsplätze umzuwandeln. Die Arbeitslosen *werden* angespornt, diese Plätze anzunehmen. In vier bis fünf Jahren *wird* die Arbeitslosigkeit auf ein volkswirtschaftlich erträgliches Niveau gesunken sein.

Der Konjunktiv

Der Konjunktiv ist die Möglichkeitsform. Er drückt aus, dass ein Geschehen nicht wirklich ist, sondern lediglich vorgestellt, erwünscht oder behauptet. Wunschsätze – *Ach, hätte ich doch die Arbeit schon hinter mir!* – kommen in wissenschaftlichen Texten kaum vor. Bei der Wiedergabe fremder Meinungen ist der Konjunktiv umso wichtiger.

Der Minister sagt, durch die Reformen *würden* die Arbeitgeber angespornt, Arbeit in Arbeitsplätze umzuwandeln. Die Arbeitslosen *würden* angespornt, diese Plätze anzunehmen. In vier bis fünf Jahren *werde* die Arbeitslosigkeit auf ein volkswirtschaftlich erträgliches Niveau gesunken sein.

In diesem Beispiel ist die Aussage dem Minister zugeordnet. Der Vorspann (*der Minister sagt*) braucht in den folgenden Sätzen gar nicht erneuert zu werden. Allein der Konjunktiv markiert die Sätze als Rede des Ministers. Diese Ökonomie und Klarheit sind nur mit dem Konjunktiv möglich. Deshalb bekommt er ein eigenes Kapitel eingeräumt.

→ Baustein 17

Der Imperativ

Der Imperativ ist die Befehlsform. Dabei kommt er lange nicht nur in Befehlen vor, sondern auch in

Das lateinische Wort *imperare* heißt *befehlen*.

- **Bitten**: *Sag mir bitte mal die Adresse.*
- **Aufforderungen**: *Setz dich und lies das.*
- **Einladungen**: *Kommt einfach vorbei.*
- **Warnungen**: *Pass auf! Bleib stehen!*

Bei den meisten Verben kann man auf das Endungs-e (*sage, setze*) verzichten. Das gilt nicht als Auslassung und wird deshalb nicht durch einen Apostroph markiert. Im Übrigen werden Sie es in Ihren wissenschaftlichen Texten nicht oft mit dem Imperativ zu tun haben.

Das Genus Verbi

Das Genus Verbi ist nicht zu verwechseln mit dem Genus, dem grammatischen Geschlecht des Substantivs.

Das Genus Verbi zeigt an, in welche Richtung eine Handlung geht.

- Das **Aktiv**, die Tatform, ist dem Urheber des Geschehens, dem Täter, zugewandt: *Simon interviewt die arbeitslose Susanne.*

- Das **Passiv**, die Leideform, ist vom Täter abgewandt. Es richtet sich auf den von der Handlung Betroffenen: *Die arbeitslose Susanne wird [von Simon] interviewt.*

Aktiv und Passiv lenken den Blick auf unterschiedliche Teile einer Aussage. Bitte vergleichen Sie:

Simon hat bereits neun Interviews geführt. *Heute interviewt er noch Susanne* und dann fängt er mit der Auswertung an.

Ohne Susanne wäre die Lobbyarbeit nicht halb so erfolgreich. *Heute wird sie [von Simon] interviewt*, morgen spricht sie vor einem Unternehmerverband.

An der Kernaussage – wer wen interviewt – hat sich nichts geändert; trotzdem liest man unterschiedliche Bedeutungen. Im ersten Beispiel dreht sich alles um Simon. Dass er ausgerechnet Susanne interviewt, ist nebensächlich. Man könnte es auch weglassen: *Heute führt er noch ein Interview.* Im zweiten Beispiel verhält es sich umgekehrt. Alles dreht sich um Susanne und man könnte auf Simon verzichten. Das ist eine wichtige Leistung der Handlungsform: Aktiv und Passiv können Bedeutungen verschieben.

Das Aktiv ist die übliche Blickrichtung. Man schaut eben immer, wer was tut, und dieser Sicht kommt das Aktiv am nächsten. Es ist die kürzere Form und es unterliegt keinen Einschränkungen. Alle Verben können ein Aktiv bilden.

Das Passiv steht im Gebrauch weit hinter dem Aktiv zurück. Manche Verben geben gar kein persönliches Passiv her. So können Sie zum Beispiel nicht sagen *ich wurde gehustet, gelacht und gegangen.* Was wiederum in den meisten Fällen geht, ist das unpersönliche Passiv: *Es wurde viel gehustet.*

Das Passiv ist zwar umständlicher als das Aktiv, aber es hat auch seine Vorteile. Es erlaubt Formulierungen, die den Urheber der Handlung aus dem Spiel lassen. Das wird gerade in wissenschaftlichen Abhandlungen gerne genutzt, da die ja möglichst unpersönlich dastehen sollen. Simon schreibt also nicht: *Ich befragte zehn Personen nach ihrem gewerkschaftlichen Engagement vor der Arbeitslosigkeit.* Er schreibt: *Zehn Personen wurden nach ihrem gewerkschaftlichen Engagement vor der Arbeitslosigkeit befragt.* Beachten Sie bitte, dass zu viel Passiv einen Text schwerfällig machen kann. Reservieren Sie es für die Fälle, in denen ein guter Grund dafürspricht.

Was genau damit gemeint ist, steht in Baustein 33.

Die infiniten Formen des Verbs

Eine infinite Form des Verbs kennen Sie schon: den Infinitiv. Zwei weitere Formen stehen noch aus. Das sind die *Partizipien* oder *Mittelwörter.*

* das **Partizip I** oder **Partizip Präsens** (Mittelwort der Gegenwart): *prüfend, erklärend, laufend, radelnd*
* das **Partizip II** oder **Partizip Perfekt** (Mittelwort der Vergangenheit): *geprüft, erklärt, gelaufen, geradelt*

Partizipien sind leicht zu erkennen. Das Partizip I wird mit der Endung *-end* oder *-nd* vom Präsensstamm des Verbs abgeleitet. Deshalb heißt es *Partizip Präsens.* Das Partizip II entspricht der 3. Stammform des Verbs. Das ist die Form, mit der das Perfekt gebildet wird: *ich habe geprüft und erklärt, ich bin gelaufen und geradelt.* Deshalb spricht man vom *Partizip Perfekt.*

Zu den Stammformen siehe Baustein 17.

Partizipien stehen zwischen zwei Wortarten: dem Verb und dem Adjektiv. Aus dem Verb werden sie gebildet, und dem Adjektiv gleichen sie im Gebrauch. Das zeigen die folgenden Sätze:

Er warf einen *prüfenden* [oder: *kritischen*] Blick in die Runde. Sein *erklärtes* [oder: *offenkundiges*] Ziel war es, die Theorie für jedermann verständlich zu machen. Die *laufende* [oder: *aktuelle*] Diskussion jedoch brachte ihn durcheinander.

→ Baustein 18

In allen drei Sätzen besetzt das Partizip Stellen, die genauso durch ein Adjektiv besetzt werden können. Diese Funktionsgleichheit ist bei der Groß- und Kleinschreibung zu beachten: Wo ein Adjektiv großgeschrieben wird, wird auch ein Partizip großgeschrieben.

Das ist in groben Zügen das Wichtigste zum Verb. Das Verb leistet sehr viel, und Sie können sehr viel leisten, wenn Sie sich mit dem Verb auskennen.

> **Tipp**
>
> Nehmen Sie sich zur Übung kleine Texte vor, unterstreichen Sie die Verben und bestimmen Sie die Formen. So können Sie sich die Grundbegriffe einprägen und einen Blick dafür entwickeln, wie Verben einen Text tragen.

11 Das Adverb

ad + verbum = zum Verb [gehörig]

Dem Wort nach sind Adverbien Beiwörter zum Verb. Inhaltlich liefern sie eine nähere Bestimmung der Umstände. Deshalb nennt man sie auch *Umstandswörter*. Da ihre Funktion auch von Adjektiven wahrgenommen werden kann, werden diese beiden Wortarten zuweilen verwechselt. Sie sind aber grundverschieden. Adjektive kann man beugen, Adverbien nicht. Das Adverb gehört zu den nicht flektierbaren Wortarten.

Siehe das Adjektiv als Adverbial in Baustein 9

Flexion ist der Sammelbegriff für die Deklination und die Konjugation. Wörter, die man weder deklinieren noch konjugieren kann, sind nicht flektierbar.

Nach den Inhalten, die durch das Adverb bestimmt werden, unterscheidet man vier Gruppen:

* **Lokaladverbien** (Adverbien des Ortes)
  Sie machen Angaben zu einem Ort (*hier, da, dort, irgendwo, oben*) oder einer Richtung (*hin, her, dorthin, irgendwohin, aufwärts*).

* **Temporaladverbien** (Adverbien der Zeit)
  Sie machen Angaben zum Zeitpunkt (*heute, jetzt, soeben*), zur Dauer (*bisher, seitdem, mittlerweile*) oder auch zur Wiederholung (*oft, immer, werktags*) eines Geschehens.

- **Modaladverbien** (Adverbien der Art und Weise)
  Sie informieren darüber, wie sich ein Geschehen vollzieht: *so,
  folgendermaßen, anders.* Auch Angaben zur Quantität, zum
  Umfang oder zum Ausmaß gehören hierher: *sehr, stunden-
  weise, größtenteils.*

- **Kausaladverbien** (Adverbien des Grundes)
  Kausaladverbien im engeren Sinne sind Wörter wie *nämlich,
  anstandshalber, meinetwegen.* Sie beziehen sich auf den
  Grund. Kausaladverbien im weiteren Sinne können auch eine
  Folge angeben (*also, folglich, somit*), ein Mittel (*dadurch,
  damit*), eine Bedingung (*sonst, andernfalls*), einen Gegengrund ohne Einfluss (*trotzdem, dennoch*) oder einen Zweck
  (*dazu, darum*).

Neben dieser inhaltlichen Unterscheidung kann man im Satz eine
grammatische Unterscheidung nach Bezügen vornehmen. Der
Sachverhalt, der näher bestimmt werden soll, muss gar nicht
unbedingt in einem Verb enthalten sein. Es sind auch andere
Bezüge möglich. Hier ist ein Überblick:

- Das Adverb (unterstrichen) bezieht sich auf **ein Verb** (grau
  hinterlegt).
  Nana schläft gerne.

- Das Adverb bezieht sich auf **ein Adjektiv.**
  Sie hat einen sehr gesunden Schlaf.

- Das Adverb bezieht sich auf **ein anderes Adverb.**
  Gerade gestern ist sie in einer Vorlesung eingeschlafen.

- Das Adverb bezieht sich auf **ein Substantiv.**
  Die Vorlesung gestern war eine einzige Panne.

- Das Adverb bezieht sich auf **den ganzen Satz.**
  Hoffentlich ist das nächstes Mal besser.

Wegen der vielseitigen Verwendung sind Adverbien nicht immer leicht zu erkennen, doch abgesehen davon sind sie pfle-
geleicht.

Übung

Bitte unterstreichen Sie die echten Adverbien.

Nana war deswegen übermüdet, weil sie am Wochenende kaum geschlafen hatte. Das war so gekommen: Simon hatte sie freitags gefragt, ob sie für ihn eine Nachtwache übernehmen könne. Alles sei ganz einfach. Sie brauche nur woanders zu schlafen. Nana sagte kurzerhand zu. Abends um acht zog sie bei der alten Dame ein. Um zehn legte sie sich in das leicht muffige Bett. Um elf musste die alte Dame aufs Klo. Um zwölf bekam Nana den Schreck ihres Lebens: Mitten auf ihrem Plumeau stand der größte Kater, den sie je gesehen hatte. Nana lockte und schimpfte, zog hier und zerrte da. Umsonst. Der Kater blieb. Quer über das Bett gestreckt schlief er ein. Nana lag wach und verfluchte Simon.

12 | Das Numerale

Numeralien sind Zahlwörter. Als Wortart sind sie sehr uneinheitlich und deshalb umstritten. Es sind Adjektive dabei (*der dreifache Satz*), Substantive (*das Dutzend, die Million*), Pronomen (*alle, mehrere*) und Adverbien (*dreimal, vielmals*). Entsprechend unterschiedlich wird die Groß- und Kleinschreibung gehandhabt. Die Gemeinsamkeit der Numeralien liegt im Inhaltlichen: Sie bezeichnen Zahlen und numerische Verhältnisse.

Da Zahlen sowohl in Buchstaben als auch in Ziffern ausgedrückt werden können, ist die Wahl der Schreibweise eine der ersten Fragen. Früher galt die Druckerregel, dass die Zahlen von 1 bis 12 in Buchstaben und von 13 an in Ziffern zu setzen waren. Diese Regel gilt nicht mehr. Heute wird die Frage nach Textsorte entschieden. Wenn Sie es mit technischen, naturwissenschaftlichen oder wirtschaftlichen Texten zu tun haben, in denen die Zahlen sehr wichtig sind und auch verglichen werden sollen, dann schreiben Sie einheitlich in Ziffern. Wenn Sie dagegen in einem biographischen oder erzählenden Text auf das Alter oder auf eine Anzahl von Ereignissen oder Personen Bezug nehmen, dann tun Sie das mit ausgeschriebenen Zahlwörtern.

Zahlwörter lassen sich grob in zwei Gruppen einteilen: Kardinalzahlen (Grundzahlen) und Ordinalzahlen (Ordnungszahlen). Daraus wiederum sind weitere Gruppen abgeleitet. Hier sind sie auf einen Blick:

Kardinalzahlen: drei, dreißig, dreitausend
* **Vervielfältigungszahlwörter**: doppelt, dreifach, tausendfach
* **Gattungszahlwörter**: zweierlei, dreierlei, tausenderlei
* **Wiederholungszahlwörter**: zweimal, dreimal, tausendmal
Ordinalzahlen: dritter, dreißigster, dreitausendster
* **Bruchzahlen**: ein Drittel der Studierenden, eine viertel Million

Kardinalzahlen

Hier kann man bei den ganz kleinen Zahlen und dann wieder bei denen ab *hundert* ins Nachdenken kommen. Die Zahl *eins* wird vollständig dekliniert. Wenn sie allein vor einem Substantiv steht, sieht sie aus wie der unbestimmte Artikel. Allerdings wird sie beim Sprechen betont: *Du hast einen Versuch unternommen, mehr nicht.* Geht der *eins* ein Artikel oder Pronomen voraus, so wird sie gebeugt wie ein Adjektiv: *Das Ergebnis dieses einen Versuches reicht nicht für eine Bewertung.*

Die Zahlen von *zwei* bis *zwölf* werden nur teilweise gebeugt. *Zwei* und *drei* bilden eine Genitivform, wenn sie allein vor einem Substantiv stehen: *Ich stütze mich auf die Studien dreier amerikanischer Forscher.* Sie bleiben jedoch ungebeugt, wenn der Genitiv bereits durch einen Artikel oder ein Pronomen angezeigt wird: *Die Ergebnisse dieser drei Studien wurden innerhalb eines Jahres veröffentlicht.*

Die Zahlen von *zwei* bis *zwölf* (außer *sieben*) können bei substantivischem Gebrauch eine Dativform auf *-en* bilden: *Ich habe mit den dreien gesprochen. Morgen sind wir bei der Arbeit zu vieren. Das ist ein Geschenk von uns fünfen.* Allerdings werden diese Formen häufig umgangen: *Ich habe mit den drei gesprochen. Morgen sind wir zu viert. Das ist von uns fünf.*

Wer nicht so oft mit Zahlen arbeitet, kann bei denen ab *hundert* unsicher werden. Das liegt daran, dass es tatsächlich mehrere Versionen gibt: *hunderteins, hundertundeins, einhunderteins, einhundertundeins, dreihundertdreißig, dreihundertunddreißig.* Die Zahlen ab einer *Million* sind Substantive und werden so geschrieben: *drei Millionen dreihundertdreiunddreißigtausend* (für 3 333 000). Tausend Millionen geben eine *Milliarde*; tausend Milliarden geben eine *Billion*.

Wiederholungszahlwörter

Wiederholungszahlwörter geben an, wie oft etwas wiederkehrt: *einmal, hundertmal* oder *tausendmal*. Hier ist das *-mal* Teil der

Zusammensetzung. Wenn Sie möchten, dass beide Bestandteile der Zusammensetzung betont werden, können Sie auch getrennt schreiben: *Ein Mal nur sollst du mir zuhören*. Bitte beachten Sie, dass bei Getrenntschreibung das *Mal* substantiviert ist, also großgeschrieben wird.

In anderen Kombinationen haben Sie es ausschließlich mit dem Substantiv zu tun. Das erkennen Sie leicht an dem, was vorausgeht. Artikel, Pronomen und Adjektiv – sie alle können Hinweis sein, dass ein Substantiv folgt.

> Nana zieht *zum dritten Mal* um. *Dieses Mal* kann ich auch beim Umzug helfen. *Letztes Mal* war ich gerade im Ausland. Doch wie ich Nana kenne, werden wir noch *manches Mal* Gelegenheit haben, ihre Kisten zu schleppen.

Mal wird für sich und kleingeschrieben, wenn es sich um die verkürzte Form von *einmal* handelt: *Würdest du uns noch mal helfen?*

Ordinalzahlen

Ordinalzahlen verhalten sich wie Adjektive. Das gilt sowohl für die Groß- und Kleinschreibung als auch für die Beugung:

> Peter ist unser *dritter* Mann. Seit dem *Dritten* dieses Monats gehört er zum Team. Sein *erster* Tag fiel mit seinem *dreißigsten* Geburtstag zusammen. Deshalb gab es *als Erstes* Kuchen für alle.

Ordinalzahlen sind unkompliziert. Nur eine Schreibweise sollten Sie vermeiden: *Beim *13ten Versuch erreichte er sein Ziel*. Hier weht der Wind aus dem Englischen; im Deutschen schreiben Sie entweder *beim 13. Versuch* oder *beim dreizehnten Versuch*.

Bruchzahlen

Bruchzahlen werden aus den Ordinalzahlen gebildet: dritte → drittel, vierte → viertel, achte → achtel. Bruchzahlen erfordern genaueres Hinsehen bei der Groß- und Kleinschreibung und auch bei den grammatischen Anschlüssen:

> *Zwei Drittel* der Studierenden *arbeiten* neben dem Studium. Das kann die Studienzeit um *ein Viertel* verlängern. *Ein Drittel* der Studierenden *wird* hinreichend unterstützt.

Hier sind die Bruchzahlen als Substantive gebraucht und werden großgeschrieben. Beim *Drittel* folgt jeweils ein Genitiv Plural; der Anschluss jedoch richtet sich nach der Bruchzahl. Deshalb steht das Verb im ersten Satz im Plural, das im zweiten Satz im Singular.

Stehen Bruchzahlen als Beifügung vor einer Maß- oder Gewichtsangabe, dann werden sie wie Adjektive kleingeschrieben: *ein viertel Kilogramm, ein zehntel Millimeter, drei tausendstel Sekunden.* Allerdings können sie in Verbindung mit den gängigen Maßeinheiten auch Zusammensetzungen bilden: *ein Viertelkilogramm, ein Zehntelmillimeter, drei Tausendstelsekunden, eine Dreiviertelstunde, ein Vierteljahr.*

Die Uhrzeit schreiben Sie so: *Es ist Viertel vor acht.* Genauer ist die Schreibweise in Ziffern: *Es ist 07:45 Uhr* oder *19:45 Uhr.*

Übung

Bitte bringen Sie das, was in Ziffern und Großbuchstaben dasteht, in die richtige Form.

Ich habe mich gestern mit Simon und seinen Kollegen aus der Sozialarbeit getroffen. Von ¼ nach 8 (_____) bis ¼ vor 12 (_____) haben sie sich ausschließlich über ihre Projekte unterhalten. Drei von den 5 (_____) arbeiten mit Schülern. Sie haben einen Test entwickelt und über einen Zeitraum von ¼ JAHR (_____) mit 220 (_____) Schülern durchgeführt. Dieser Test ist auf eine ¾ STUNDE (_____) angelegt. 1/3 (_____) der Schüler SCHLIESSEN [Präteritum] (_____) die Bearbeitung vorzeitig ab; 1/3 KOMMEN (_____) mit der Zeit nicht hin. Woran das lag, das versuchten die 5 (_____) gestern Abend zu klären. Sie konnten sich nicht einigen, ob die Fragen im 3. VIERTEL (_____) nicht doch zu komplex waren. Um ½ 12 (_____) hatte ich über diesem Test schon drei Schoppen Wein getrunken. Das war das letzte MAL (_____), dass ich mit diesen Sozialarbeitern losgezogen bin.

---

13 Die Präposition

Präpositionen sind Wörter wie *in, an, auf, für, mit, vor, zu*. Sie sind so unscheinbar, dass man sie kaum beachtet. Die Bezeichnung *Präposition* nimmt Bezug auf die Stellung im Satz: Die meisten Präpositionen sind ihrem Bezugswort vorangestellt: *Er geht in den Hörsaal, stellt sich vor die Studierenden und redet mit lauter Stimme.* Einige wenige Präpositionen werden nachgestellt: *Der guten Ordnung halber will ich eine nennen.*

Das lateinische *prae + ponere* heißt *voranstellen*

Präpositionen werden auch *Verhältniswörter* genannt, und zwar wegen ihrer Funktion. Sie fügen das von ihnen abhängige Glied in den Satz ein und drücken aus, was für ein Verhältnis durch die Einfügung begründet wird. Dabei kann man – wie bei den Adverbien – vier Inhalte unterscheiden. Mal geht es um örtliche Verhältnisse (*unter dem Tisch, über den Wolken*), mal um zeitliche Verhältnisse (*während des Semesters, seit zwei Jahren*), mal um die Art und Weise (*mit Sachverstand, zuzüglich Porto*) und mal um den Grund (*aufgrund der Nachfrage, wegen der Veranstaltung*).

→ Baustein 11

Die Ordnung nach Inhalten ist nur beschränkt anwendbar, denn oft dienen Präpositionen lediglich dem Anschluss an ein Verb, ein Substantiv oder ein Adjektiv. In diesen Fällen kann man sie nicht frei wählen und auch nicht ersetzen. Dazu ein Beispiel:

Du kannst dich <u>auf</u> mich verlassen. Ich werde mich <u>um</u> die Angelegenheit kümmern, denn ich habe selbst ein Interesse <u>an</u> den Ergebnissen. <u>Mit</u> dem bisherigen Verlauf bin ich sehr zufrieden.

Es *muss* heißen *sich verlassen auf, sich kümmern um, Interesse an, zufrieden mit*. Andere Anschlüsse wären hier falsch.

Das Wort, das durch die Präposition angeschlossen wird, kann ein Substantiv sein, ein Pronomen, ein Adjektiv oder ein Adverb.

* Präposition + Substantiv: *Simon bedankt sich <u>bei Nana</u>.*
* Präposition + Pronomen: *Simon bedankt sich <u>bei ihr</u>.*
* Präposition + Adjektiv: *<u>Vor Kurzem</u>* [oder: *<u>vor kurzem</u>*] *ist sie für ihn eingesprungen.*
* Präposition + Adverb: *Das schlaflose Wochenende hat sie ihm <u>bis heute</u> nicht verziehen.*

Die Anschlüsse mit Substantiv sind die häufigsten. Das Pronomen tritt als Stellvertreter des Substantivs auf. Das Adjektiv in dieser Position trägt Merkmale der Substantivierung. Deshalb wird es großgeschrieben. (Klein geht allerdings auch.) Diese drei Anschlüsse werden gebeugt. Der Kasus richtet sich nach der Präposition.

Jede Präposition zieht einen bestimmten Fall nach sich; sie regiert einen Kasus. Manche Präpositionen stehen je nach Verhältnissen mit unterschiedlichen Fällen. *In* zum Beispiel verlangt einen Akkusativ, wenn es um eine Richtung geht: *Wir gehen in die Mensa*. Es verlangt einen Dativ, wenn es um die Lage geht: *Wir sind in der Mensa*. Solche Präpositionen nennt man *Wechselpräpositionen*.

Bei den Präpositionen gibt es drei kritische Punkte, die Sie beachten sollten. Der erste Punkt ist die Zusammenziehung von Präposition und Artikel. Gemeint sind Konstruktionen wie die folgenden:

> Marie bereitet sich *aufs* Examen vor. *Fürs* Erste hat sie alles abgesagt. Sie geht nicht mal mehr *ans* Telefon, geschweige denn *ins* Kino oder Theater.

Bei diesen Verbindungen aus Präposition und Artikel wird kein Apostroph gesetzt. Schreibweisen wie **aufʼs* oder **fürʼs* sind falsch.

Der zweite Punkt, bei dem man Acht geben muss, sind Fehlanschlüsse. Sie entschließen sich nicht **für ein Projekt*, sondern *zu einem Projekt*. Beim Entscheiden ist es umgekehrt: Sie entscheiden sich *für die Teilnahme*, nicht **zu der Teilnahme*. Bewerben Sie sich niemals **für eine gute Stelle*, sondern immer nur *um eine gute Stelle*.

Der dritte Punkt betrifft die Wahl der Präposition. Es gibt nämlich solche, die schwerfällig sind und wiegen wie Blei. Wenn Sie die gehäuft verwenden, kriegt Ihr Text eine Bleivergiftung. Die könnte so aussehen:

> *Zwecks* Datenerhebung wurden zweihundert Personen befragt. Die Auswertung der Daten erfolgte *mittels* eines eigens entwickelten Programms. Dem Ergebnis *zufolge* sind die Schüler nicht hinreichend auf die Berufswahl vorbereitet. *Angesichts* der schwierigen Situation auf dem Ausbildungsmarkt ist das ein gravierender Mangel.

Dabei ginge es auch so:

> *Zur* Datenerhebung wurden zweihundert Personen befragt. Die Daten wurden *mit* einem eigens entwickelten Programm ausge-

wertet. *Nach* dem Ergebnis sind die Schüler nicht hinreichend auf die Berufswahl vorbereitet. *Bei* der schwierigen Situation auf dem Ausbildungsmarkt ist das ein gravierender Mangel.

Wenn Sie die Fettnäpfe vermeiden, haben Sie mit den Präpositionen ein leichtes Spiel.

14 Die Konjunktion

Zu der Wortart Konjunktion gehören Allerweltswörter wie *und, oder, weil* und *dass*. Aufgabe dieser Wörter ist es, Wörter, Wortgruppen oder Sätze miteinander zu verbinden. Daher rührt die Bezeichnung *Bindewörter*. Konjunktionen sind unveränderlich und ohne Einfluss auf die Form der auf sie folgenden Wörter.

In ihrer Leistung sind Konjunktionen sehr unterschiedlich. *Dass* und *weil* etwa können nur Nebensätze mit Hauptsätzen verbinden: *Marie befürchtet, dass sie sich allzu leicht ablenken lässt.* Sie ordnen den Nebensatz dem Hauptsatz unter und werden deshalb *unterordnende Konjunktionen* oder *Subjunktionen* genannt. *Und* dagegen kann verschiedene Einheiten gleichwertig nebeneinanderstellen:

- einzelne Wörter: *Marie holt Kaffee und Schokolade.*
- Wortgruppen: *Marie holt drei Pfund Kaffee und zehn Tafeln Schokolade.*
- Sätze: *Marie trinkt viel zu viel Kaffee und sie ernährt sich von Schokolade.*

Und ist ebenso wie *oder* eine *nebenordnende Konjunktion.* Nicht alle nebenordnenden Konjunktionen haben diese Bandbreite: *Denn* zum Beispiel kann nur Sätze verbinden.

Eine zweite Unterscheidung ist schon äußerlich leicht zu erkennen. Das ist die zwischen eingliedrigen Konjunktionen (*denn, aber, obwohl*) und paarigen (*entweder – oder, sowohl – als auch, weder – noch*).

Die dritte Unterscheidung betrifft die Inhalte. Danach können Sie Konjunktionen folgendermaßen ordnen:

- **additive** oder anreihende Konjunktionen: *und, sowie, sowohl – als auch*
- **alternative** oder zur Wahl stellende Konjunktionen: *oder, entweder – oder*

- **adversative** oder entgegensetzende Konjunktionen: *aber, doch, sondern*
- **temporale** Konjunktionen (zur Angabe der Zeit): *bevor, während, nachdem*
- **modale** Konjunktionen (zur Angabe der Art und Weise): *indem, ohne dass*
- **kausale** oder begründende Konjunktionen: *denn, da, weil*
- **konsekutive** Konjunktionen (zur Angabe der Folge): *sodass, (so) – dass*
- **finale** Konjunktionen (zur Angabe des Zweckes): *damit, dass*
- **konditionale** Konjunktionen (zur Angabe der Bedingung): *wenn, falls, sofern*
- **konzessive** oder einräumende Konjunktionen: *obwohl, wenngleich, wenn auch*
- **restriktive** oder einschränkende Konjunktionen: *soweit, soviel, insofern (als), nur dass*
- **vergleichende** Konjunktionen: *wie, als, als ob*
- **proportionale** Konjunktionen (zur Angabe gleich bleibender Verhältnisse): *je – desto, je – umso*
- **neutrale** Satzbaukonjunktionen, die keine Inhalte vermitteln: *dass, ob*

Die Liste soll Ihnen keinen Schreck einjagen, sondern lediglich zeigen, was für feine Unterschiede es gibt, wenn man klar denkt. Die Konjunktionen an sich machen keine Schwierigkeiten. Allerdings sind sie bei der Zeichensetzung zu beachten: Wo eine Nebensatzkonjunktion steht, steht ein Nebensatz, und wo ein Nebensatz steht, steht ein Komma.

→ Bausteine 26, 27 und 30

15 Die Interjektion

Interjektionen sind Ausrufewörter, die man einfach so dazwischenwirft: *oh, ah, ach*. Sie stehen außerhalb des Satzverbandes, gehören also durch ein Komma vom Satz abgetrennt: *Ach, sieh mal, wie das regnet. – Oje, und ich habe keinen Schirm dabei.* Sie können aber auch ganz für sich stehen: *Ach!* Interjektionen drücken Empfindungen aus – *ach* zum Beispiel die Überraschung – oder sie ahmen Laute nach: *peng, ratsch, boing*. Was auch immer sie tun, sie sind nicht der Stoff, aus dem man wissenschaftliche Arbeiten macht.

Das lateinische *inter* heißt *zwischen*; *iacere* heißt *werfen*.

Tipp

Machen Sie hin und wieder Erkennungsübungen beim Lesen. Fangen Sie mit den Wortarten an, die leicht zu erkennen sind. Nehmen Sie nach und nach auch die weniger offensichtlichen dazu. Diese Übung gibt Ihnen mehr Sicherheit beim Schreiben.

Dritte Einheit: Fünf Fragen

Die fünf Fragen ergeben sich aus den vielen Momenten, in denen man stutzt und denkt: „Wie denn nun?" Diese Momente sollen weniger werden.

Als Erstes geht es um die Frage, wo es *das* und wo *dass* heißen muss. Das sollen Sie am Ende so glasklar unterscheiden, dass Sie im Leben keinen *das[s]*-Fehler mehr machen. Denn diese Fehler sehen dumm aus. Sie zeigen, dass man seine Sätze nicht im Griff hat.

Die zweite Frage betrifft den Konjunktiv. Der ist so unbeliebt, dass manch einer ihn ganz gestrichen hat. Dabei ist gerade der Konjunktiv für das wissenschaftliche Arbeiten sehr nützlich; er hilft nämlich, eigene und fremde Meinungen auseinanderzuhalten.

Als Drittes kommt die Frage dran, ob ein Wort groß- oder kleinzuschreiben ist. Das wird in den meisten Fällen nach einem einzigen Prinzip entschieden, dem Prinzip der Substantivierung. Das sollen Sie verstehen. Der Rest sind Einzelheiten.

Die vierte Frage behandelt die Getrennt- und Zusammenschreibung. Das ist ein heikles Thema mit vielen Unklarheiten. Umso wichtiger ist es, dass Sie das Grundsätzliche kennen.

Als Letztes steht der Bindestrich im Programm. Wo ist er sinnvoll? Wo notwendig? Wo störend?

Wenn Sie alle fünf Fragen sorgfältig durcharbeiten, entledigen Sie sich vieler Zweifelsfälle. Dadurch werden Zeit und Gedanken frei, die Sie gut für etwas anderes gebrauchen können.

16 | *Das* oder *dass*?

Wenn Sie das Wörtchen *das[s]* hören, können drei verschiedene Wortarten im Spiel sein:

- der **Artikel** *das*
- das **Pronomen** *das*
- die **Konjunktion** *dass*

Die drei Wortarten haben unterschiedliche Funktionen. Also muss man wissen, welche Funktion gefragt ist, um das richtige *das[s]* zu setzen. Das ist alles.

Die erste Wortart, die mitspielt, ist der Artikel *das*. Der Artikel kann nur eines leisten: Er begleitet ein Substantiv und zeigt des-

→ Baustein 7

sen Geschlecht an. Sie werden niemals einen Artikel ohne Substantiv finden.

> *Das Referat* behandelt den Selbstmord in der Literatur. *Das Thema* ist komplex. *Das Material* hat Ruth über Fernleihe bestellt.

An allen drei markierten Stellen könnten Sie den Artikel durch ein Pronomen ersetzen. Damit verschiebt sich zwar die Bedeutung, doch grammatisch geht's:

> *Dieses Referat* behandelt den Selbstmord in der Literatur. *Dieses Thema* ist komplex. *Dieses Material* hat Ruth über Fernleihe bestellt.

Merksatz

Der Artikel *das* tritt immer zusammen mit einem Substantiv auf. Er kann durch ein hinweisendes Pronomen (*dieses* oder *jenes*) ersetzt werden.

→ Baustein 8

Die zweite Wortart, das Pronomen *das*, ist gleich mit zwei Vertretern beteiligt: mit dem Relativpronomen und dem Demonstrativpronomen. Das Relativpronomen ist so in den Satz eingebaut:

> Das Referat, *das* Ruth so in Anspruch nimmt, behandelt den Selbstmord in der Literatur. Das Thema, *das* Ruth sich selbst ausgesucht hat, ist komplex. Das Material, *das* Ruth braucht, hat sie über Fernleihe bestellt.

Das Relativpronomen ist ein Gelenkstück: Es ist festgemacht an dem vorausgehenden Substantiv (*das Referat, das Thema, das Material*) und es leitet einen Nebensatz ein, der dieses Substantiv näher beschreibt. Dieser Nebensatz hat den Status einer Beifügung; er hat keine satztragende Bedeutung. Grammatisch gesehen könnte man ihn auch weglassen. Das Relativpronomen *das* kann durch das Relativpronomen *welches* ersetzt werden. Das mag zwar veraltet klingen, doch wichtig für den Test ist allein die Machbarkeit.

> Das Referat, *welches* Ruth so in Anspruch nimmt, behandelt den Selbstmord in der Literatur. Das Thema, *welches* Ruth sich selbst ausgesucht hat, ist komplex. Das Material, *welches* Ruth braucht, hat sie über Fernleihe bestellt.

Merksatz

Das Relativpronomen *das* leitet einen Nebensatz ein, der ein vorausgehendes Substantiv näher beschreibt. Es kann durch das Relativpronomen *welches* ersetzt werden.

Das Demonstrativpronomen *das* ist der Fingerzeig. Es wird als Stellvertreter eines Substantivs gebraucht.

> Die Bücher hier können zurück. Aber *das* will ich noch behalten. Der Autor hat so einen guten Blick für Details. – *Das* glaube ich. Ich kenne seine Romane.

Das erste *das* ist ein Fingerzeig auf ein bestimmtes Buch. Das zweite *das* bezieht sich auf die gesamte vorausgehende Aussage, dass der Autor einen guten Blick für Details habe. Auch hier ist ein Ersatz möglich: *Dieses will ich behalten. Dies glaube ich.*

Der Bezugsrahmen für das Demonstrativpronomen muss nicht unbedingt im Text liegen. Es kann auch ein Sachverhalt in der Lebenswirklichkeit sein, der nicht ausgesprochen wird. Stellen Sie sich vor, Ruth und Nana stehen vor einem Schaufenster:

> Ruth: Wie gefällt dir *das* da?
> Nana: *Das* ist nicht so mein Ding. *Das* hier gefällt mir ganz gut.
> Ruth: *Das* wäre nichts für mich. Aber sieh mal: *Das* wäre doch was.
> Nana: Stimmt. *Das* sollten wir nehmen.

Solche unausgesprochenen Bezüge funktionieren natürlich nur, wenn man das Gemeinte vor Augen hat. Im Schriftlichen muss man die Bezüge beim Namen nennen.

Merksatz

Das Demonstrativpronomen *das* verweist auf eine Aussage im Text oder auf einen Sachverhalt in der Welt. Es kann durch *dieses* oder *jenes* ersetzt werden.

Die dritte Wortart, die bei der *das[s]*-Frage im Spiel ist, ist die Konjunktion *dass*. Sie leitet einen Nebensatz ein.

→ Baustein 14

> Ich glaube, *dass* Ruth ihr Referat zur Abschlussarbeit ausweiten wird. Sie sagt, *dass* das Thema sie mit jedem Buch mehr fesselt. Sie hofft, *dass* das bestellte Material bald kommt.

Die Nebensätze, die hier mit der Konjunktion *dass* eingeleitet werden, haben ein viel größeres Eigengewicht als die Relativsätze, die einem Substantiv beigefügt sind. Ohne die *dass*-Sätze würde den Hauptsätzen ein wichtiges Glied fehlen. Die Konjunktion *dass* kann nicht ersetzt werden.

Merksatz

Die Konjunktion *dass* leitet einen Nebensatz ein. Sie kann durch kein anderes Wort ersetzt werden.

Sie brauchen also, um das richtige *das[s]* zu setzen, nur auf die Funktion zu schauen. Benötigen Sie ein Begleitwort für ein Substantiv (*das*), ein Gelenkstück (*das*), einen Fingerzeig (*das*) oder ein Bindewort (*dass*)?

Zum Einprägen

- Artikel *das*: Begleiter vor einem Substantiv
- Demonstrativpronomen *das*: Fingerzeig
- Relativpronomen *das*: Scharnier, das einen Nebensatz an einem vorausgehenden Substantiv festmacht
- Konjunktion *dass*: leitet einen Nebensatz ein und ist nicht zu ersetzen

Sie können auch die Eselsbrücke mit dem Ersatztest nutzen:

Merksatz

Das wird mit einfachem *s* geschrieben, wenn man es durch *dieses, jenes* oder *welches* ersetzen kann.

Wie auch immer Sie vorgehen, Sie werden üben müssen, damit Ihnen die Unterscheidung in Fleisch und Blut übergeht. Fangen Sie mit den folgenden Übungen an.

Übung

Entscheiden Sie, ob es *das* oder *dass* heißen muss, und geben Sie an, ob es sich um einen Artikel handelt, um ein Demonstrativpronomen, um ein Relativpronomen oder um eine Konjunktion.

ERSTE RUNDE

Es ist erstaunlich, _____ in der Literatur des neunzehnten Jahrhunderts

so viele Frauenselbstmorde vorkommen. Ruth sagt, _____ hänge mit der

beginnenden Emanzipation zusammen. _____ die Frauen sich aus ihren

vorgeschriebenen Rollen rührten, _____ war den Männern ein Dorn im

Auge. _____ machte ihnen Angst. Deshalb entstand in der Literatur ein

Gegenentwurf: _____ Bild einer heilen Welt, in der die Frauen noch den

Anstand hatten zu sterben. _____ mag so manchen Selbstmord erklären.

Aber es gibt noch eine weitere Ursache dafür, _____ so viele Heldinnen

in den Tod gehen mussten. _____ ist die männliche Sicht. Die Statistik

zeigt, _____ Männer eher im Selbstmord eine Lösung sehen als Frauen.

_____ überrascht nur auf den ersten Blick. Der zweite Blick enthüllt,

_____ Frauen mehr daran gewöhnt sind, Schwierigkeiten auszustehen.

Der Mann kann _____ Weite suchen; die Frau sucht weiter zurechtzu-

kommen. Ruth sagt, _____ sie durch dieses Referat eine neue Weltsicht

bekommen hat. _____ glaube ich ihr aufs Wort.

ZWEITE RUNDE

Simon hat erzählt, _____ Susanne – _____ ist die Lobbyfrau aus der

Erwerbsloseninitiative – Arbeit gefunden hat. _____ Angebot an Stellen

auf ihrem Qualifikationsniveau ist so dünn, _____ sie sich auch auf

Stellen unter ihrer Qualifikation beworben hat. _____ war gar nicht so

einfach. Denn _____ Vorurteil, _____ mit Überqualifizierten kein

Gewinn zu machen sei, ist weit verbreitet. _____ konnte Susanne nur dadurch überwinden, _____ sie in aller Ehrlichkeit sagte, wo sie steht,

woran ihr liegt und wohin sie will. _____ hat mehrere Personalchefs so

beeindruckt, _____ sie sogar zwischen zwei Stellen wählen konnte. Jetzt

arbeitet sie halbtags als Assistentin in einem Büro. _____ ist nichts,

wovon sie je geträumt hat. Aber es ist _____ Beste, was jetzt passieren

konnte. Susanne sieht _____ pragmatisch. Sie ist froh, _____ ihr

genug Zeit bleibt für die Lobbyarbeit.

Dritte Runde

Nana sagt, _____ sie keinen Tag länger in der neuen Wohnung bleiben

kann. Sie sagt, _____ sei zum Verrücktwerden. _____ die Wohnung

hellhörig ist, _____ hatte sie gewusst. _____ merkt man ja an den

Wänden. Doch _____ in den Wohnungen über, unter und neben ihr

lauter Verrückte wohnen, _____ konnte sie nicht wissen. Und genau

_____ treibt sie in den Wahnsinn. Der Typ über Nana trinkt. _____ tut

er schon früh am Morgen und am liebsten in Gesellschaft, so _____

ständig Saufkumpane durchs Treppenhaus torkeln. _____ ist aber noch

nicht _____ Schlimmste. _____ Paar, _____ wir beim Einzug

kennen gelernt haben und _____ neben Nana wohnt, lebt im Dauer-

streit. _____ Toben und Schreien geht von abends bis tief in die Nacht,

so _____ Nana kein Auge zutun kann. _____ hält der beste Gaul

nicht aus, sagt Nana. Und _____ hört sich ganz nach Kistenschleppen

an.

17 Rede wiedergeben im Konjunktiv – wie geht das?

Am besten ohne – denken Sie jetzt vielleicht. Klar, man kann ohne den Konjunktiv auskommen. Man kann auch mit den Fingern essen und die Nase in den Wind schnäuzen. Geht alles. Man kann aber auch die vorhandenen Mittel nutzen, um sich das Leben einfacher und angenehmer zu machen. Der Konjunktiv ist so ein Mittel. Er bringt Ihnen gleich dreifachen Nutzen.

* Sie können über längere Strecken Aussagen wiedergeben, ohne dass Sie durch erklärende Sätze unterbrechen müssen.
* Sie können Ihre eigenen und fremde Aussagen fein säuberlich trennen. Das ist Pflicht beim wissenschaftlichen Arbeiten – und auch sonst eine friedensstiftende Maßnahme.
* Sie können zeigen, dass Sie ein gepflegtes Deutsch beherrschen.

Der Konjunktiv ist die Aussageweise, die ein Geschehen im Bereich des Vorgestellten, Erwünschten oder Behaupteten ansiedelt. Im wissenschaftlichen Kontext ist vor allem das Behauptete wichtig. Um das anzuführen, verwendet man entweder Zitate oder aber indirekte Rede. Im Zitat wird eine Äußerung so hingestellt, wie sie tatsächlich gemacht wurde. Der Originalton wird nicht verändert. In der indirekten Rede dagegen wird über eine Äußerung berichtet. Dazu benutzt man den Konjunktiv. → Baustein 10

Der Konjunktiv in der indirekten Rede funktioniert nach einem einfachen Prinzip. Alles, was man braucht, sind ein paar Grundbegriffe und eine Regel. Zunächst zu den Grundbegriffen: Der Konjunktiv tritt in zwei Formen auf: als Konjunktiv I und als Konjunktiv II. Die Zahlen beziehen sich auf die Stammformen des Verbs, aus denen die Konjunktivformen gebildet werden. Insgesamt gibt es drei Stammformen:

* die 1. Stammform = 1. Person Singular Indikativ Präsens: *ich gehe, ich bin, ich habe, ich werde*
* die 2. Stammform = 1. Person Singular Indikativ Präteritum: *ich ging, ich war, ich hatte, ich wurde*
* die 3. Stammform = zweites Partizip: *gegangen, gewesen, gehabt, geworden*

Der Konjunktiv I wird aus der 1. Stammform abgeleitet, der Konjunktiv II aus der 2. Stammform. Das heißt nicht, dass der Konjunktiv I dem Präsens entspricht und der Konjunktiv II dem Präteritum. Der Konjunktiv ist *keine* Zeitform.

In der folgenden Tabelle sehen Sie die Indikativ- und die Konjunktivformen für die Verben *gehen, sein, haben* und *werden* gegenübergestellt:

Konjunktiv I								
	Ind.	Konj.	Ind.	Konj.	Ind.	Konj,	Ind.	Konj.
ich	gehe	*gehe*	bin	sei	habe	*habe*	werde	*werde*
du	gehst	gehest	bist	sei[e]st	hast	habest	wirst	werdest
er sie es	geht	gehe	ist	sei	hat	habe	wird	werde
wir	gehen	*gehen*	sind	seien	haben	*haben*	werden	*werden*
ihr	geht	gehet	seid	seiet	habt	habet	werdet	*werdet*
sie	gehen	*gehen*	sind	seien	haben	*haben*	werden	*werden*
Konjunktiv II								
ich	ging	ginge	war	wäre	hatte	hätte	wurde	würde
du	gingst	gingest	warst	wär[e]st	hattest	hättest	wurdest	würdest
er sie es	ging	ginge	war	wäre	hatte	hätte	wurde	würde
wir	gingen	*gingen*	waren	wären	hatten	hätten	wurden	würden
ihr	gingt	ginget	wart	wär[e]t	hattet	hättet	wurdet	würdet
sie	gingen	*gingen*	waren	wären	hatten	hätten	wurden	würden

Bei den Formen, die kursiv gesetzt sind, sieht der Konjunktiv aus wie der Indikativ. Das ist wichtig für die Regel, die jetzt kommt.

Merksatz

Die indirekte Rede steht im Konjunktiv I. Nur wenn die Konjunktiv-I-Formen aussehen wie der Indikativ, weicht sie aus auf den Konjunktiv II.

Bitte schauen Sie sich das in der Umsetzung an. Der erste Text ist der Urtext und steht im Indikativ; der zweite Text ist die Wiedergabe und steht im Konjunktiv.

Marie *hat* einen Examenskoller. Sie *kann* nicht mehr abschalten. Ihre Themen *verfolgen* sie bis in den Schlaf. Und dann *hat* sie Albträume von ihren Prüfern. Morgens *kriegt* sie die Augen nicht auf. Kaffee *verträgt* sie nicht mehr. Auch Schokolade und Erdnussbutter *versagen* ihre Dienste. Kurzum: Marie *braucht* Ablenkung.

Nana hat erzählt, Marie *habe* einen Examenskoller. Sie *könne* nicht mehr abschalten. Ihre Themen *verfolgten* sie bis in den Schlaf. Und dann *habe* sie Albträume von ihren Prüfern. Morgens *kriege* sie die Augen nicht auf. Kaffee *vertrage* sie nicht mehr. Auch Schokolade und Erdnussbutter *versagten* ihre Dienste. Kurzum: Marie *brauche* Ablenkung.

Hier sind die Verben noch einmal herausgestellt:

Indikativ	Konjunktiv I	Konjunktiv II
sie hat	sie habe	
sie kann	sie könne	
sie verfolgen		sie verfolgten
sie hat	sie habe	
sie kriegt	sie kriege	
sie verträgt	sie vertrage	
sie versagen		sie versagten
sie braucht	sie brauche	

Bei den Verben, die sich auf Marie beziehen – auf die 3. Person Singular –, sind die Konjunktiv-I-Formen eindeutig. Bei den Verben, die sich auf die 3. Person Plural beziehen, sehen die Formen des Konjunktivs I aus wie die des Indikativs. Also nimmt man den Konjunktiv II.

Nun kann man bei solchen Ausweichmanövern auf Fälle stoßen, bei denen die Übereinstimmung der Formen des Konjunktivs II mit denen des Präteritums zu Missverständnissen führt. Dann ist ein weiteres Ausweichmanöver angesagt: Man nimmt die *würde*-Form. Bitte vergleichen Sie:

Urtext: Die Vorschläge gehen von Vollbeschäftigung für alle aus. Sie rechnen auf falschen Grundlagen. Das belegen die Zahlen vom Arbeitsmarkt.

Konjunktiv II: Simon sagt, die Vorschläge *gingen* von Vollbeschäftigung für alle aus. Sie *rechneten* auf falschen Grundlagen. Das *belegten* die Zahlen vom Arbeitsmarkt.

Die Formen des Konjunktivs I sehen aus wie die des Indikativs, der im Urtext steht. Die Formen des Konjunktivs II sehen aus wie die des Präteritums. Hier könnte man mit einer Umschreibung mit *würde* Klarheit schaffen:

Simon sagt, die Vorschläge würden von Vollbeschäftigung für alle ausgehen. Sie würden auf falschen Grundlagen rechnen. Das würden die Zahlen vom Arbeitsmarkt belegen.

Sie sehen auf den ersten Blick den Hinkefuß dieser Version: Zu viele *würde*-Formen belasten den Text. Man sieht am Ende nur noch *würde, würde, würde*. Das darf nicht sein, und es muss auch nicht sein. Schließlich führt nicht jede Übereinstimmung der Formen gleich zu Missverständnissen. Im Fluss der indirekten Rede ist diese Gefahr eher gering. Seien Sie also lieber zurückhaltend mit der *würde*-Form. Sie können den Gebrauch auf drei Gelegenheiten beschränken. Das sind neben der Vermeidung von Missverständnissen die folgenden:

1. Die *würde*-Form muss stehen als Konjunktiv II von *werden*. Beispiel: *Wir werden rechtzeitig benachrichtigt. – Simon sagt, wir würden rechtzeitig benachrichtigt.*

2. Die *würde*-Form kann eingesetzt werden, wenn der Konjunktiv II ungebräuchlich wirkt. *Simon sagt, einige Professoren im Fachbereich hülfen ihren Studierenden überhaupt nicht und läsen Arbeiten nur mit monatelangem Verzug. – Er sagt, sie würden ihren Studierenden überhaupt nicht helfen und Arbeiten nur mit monatelangem Verzug lesen.*

Zum Einprägen

- indirekte Rede im Konjunktiv I
- als Ersatz für Formen, die im Konjunktiv I nicht eindeutig sind, der Konjunktiv II
- nur mit gutem Grund die Umschreibung mit *würde*

Übung

Bitte setzen Sie die folgenden Texte mit dem Konjunktiv in die indirekte Rede: *Nana hat erzählt, ...*

Erste Runde

Marco geht (_____) neuerdings dreimal die Woche ins Sportstudio. Entweder treibt (_____) ihn seine neue Freundin oder der Ehrgeiz. Es gibt (_____) nämlich einen Zusammenhang zwischen Sport und Karriere. So jedenfalls wird (_____) es in einschlägigen Zeitschriften dargestellt. Viele Spitzenkräfte pflegen (_____) ihr Netzwerk auf dem Golfplatz und schließen (_____) zwischen den Bällen ihre Verträge ab. Im Büro boxen (_____) sie in den Punchingball und mit gleicher Kraft ihre Projekte durch. Sie laufen (_____) Marathons und nutzen (_____) den langen Atem gleich mit fürs Geschäft. Sie klettern (_____) Bergwände hoch und ziehen (_____) in der Karriere nach. Genau das will (_____) Marco nun nachahmen. Dabei brauchen (_____) Spitzenkräfte auch die eine oder andere Qualität, die es *nicht* beim Sport zu holen gibt (_____). Aber diese Qualitäten erwirbt (_____) man auf dem Hosenboden, und das ist (_____) langweilig in der Darstellung. Deshalb redet (_____) niemand darüber.

Zweite Runde

Simon untersucht (_____) die Arbeitsmotivation. Für die meisten Menschen ist (_____) Geld gar nicht der wichtigste Aspekt. Sie suchen (_____) auch nicht unbedingt einen Traumjob. Sie wollen (_____) einfach nur zurechtkommen und sich einigermaßen wohl fühlen. Deutsche Unternehmen haben (＿＿＿＿＿＿) das bisher wenig

berücksichtigt. Sie pflegen (＿＿＿＿＿＿) eine Kultur aus Macht, Druck

und Angst und tragen (＿＿＿＿＿＿) damit selbst dazu bei, dass ihren

Mitarbeitern die Lust am Arbeiten fehlt (＿＿＿＿＿＿). Simon hat

(＿＿＿＿＿＿) ein krasses Beispiel dafür, wie wenig Unternehmen ihre

Mitarbeiter kennen (＿＿＿＿＿＿). Die Firma Buche hat (＿＿＿＿＿＿)

zu ihrem Jubiläum jedem Mitarbeiter eine Buche geschenkt. Nur haben

(＿＿＿＿＿＿) die wenigsten Mitarbeiter von Buche ein Grundstück, das

groß genug ist (＿＿＿＿＿＿) für eine Buche. Deshalb haben

(＿＿＿＿＿＿) die meisten ihr Bäumchen zurückgegeben und bei der

Gelegenheit die Geschäftsleitung aufgeklärt: Sie wollen (＿＿＿＿＿＿)

lieber gute Arbeitsbedingungen als eine traurige Buche im Topf.

DRITTE RUNDE

Marie fährt (＿＿＿＿＿＿) mit einer Freundin nach Blackpool. Das ist

(＿＿＿＿＿＿) die beste Ablenkung. Hier vergnügt (＿＿＿＿＿＿) sich

seit über hundert Jahren die englische Arbeiterklasse. Hier taumeln

(＿＿＿＿＿＿) jedes Jahr zu Beginn der Ferien Tausende glücklicher

Familien aus den Zügen. Die Kinder trinken (＿＿＿＿＿＿) knallige

Limos, die Erwachsenen Bier. Alle essen (＿＿＿＿＿＿) Fish'n'Chips. In

der Pension sitzt (＿＿＿＿＿＿) man vor dem künstlichen Kamin.

Abends reiht (＿＿＿＿＿＿) man sich in Polonäsen ein. Genau das

Einreihen macht (＿＿＿＿＿＿) den Charme Blackpools aus. Auf Mallor-

ca schaut (＿＿＿＿＿＿) jeder für sich, dass er Sonnenbrand kriegt

(_____). In Blackpool triumphiert (_____) der englische

Gemeinsinn. Gemeinsam vergisst (_____) man für ein paar Tage

die Arbeitslosigkeit. Gemeinsam frönt (_____) man den unschul-

digen Freuden. Kriminalität gibt (_____) es kaum. Blackpool,

nicht Mallorca, ist (_____) die Heimat des Urlaubs.

Tipp

Den Konjunktiv können Sie gut nebenbei üben, indem Sie nach-
erzählen. Zum Beispiel so: *Die Autorin sagt, man könne den
Konjunktiv gut nebenbei üben, indem man nacherzähle ....* Nehmen Sie sich beliebige Passagen vor, machen Sie das ein paar-
mal am Tag, dann läuft die indirekte Rede wie geschmiert.

18 Groß oder klein?

Die Groß- und Kleinschreibung ist als Thema ständig präsent,
und sie kann einem viel Zeit rauben, wenn man sie nicht durch-
schaut hat. Dabei ist sie leicht zu durchschauen, wenn man nur
den richtigen Ansatz wählt. Der liegt im Substantiv und im Prinzip der Substantivierung. Darüber lassen sich fast alle Zweifelsfälle klären. Daneben gibt es noch ein paar kleinere Bereiche mit
eigenen Bestimmungen. Mehr ist nicht dran an der Geschichte.
Sie ist in sechs Teile gegliedert:
1. Substantivierungen
2. Namen und feste Verbindungen
3. Herkunftsbezeichnungen
4. Zeitangaben
5. Anreden
6. Einzelfälle

1. Substantivierungen

Eine Substantivierung ist ein Wort, das *wie* ein Substantiv verwendet wird. Das Substantiv wiederum ist der Dreh- und Angelpunkt der Groß- und Kleinschreibung. Es ist nämlich die einzige
Wortart, die grundsätzlich großgeschrieben wird. Die Wörter der
anderen Wortarten werden grundsätzlich kleingeschrieben. Nur

wenn sie im Satz die Funktion eines Substantivs übernehmen, werden sie wie ein Substantiv behandelt und großgeschrieben.

Merksatz

Das Substantiv wird immer großgeschrieben. Die Wörter der anderen Wortarten werden kleingeschrieben. Nur wenn sie im Satz an die Stelle eines Substantivs treten, werden sie wie das Substantiv großgeschrieben.

Substantivierungen zu erkennen, das ist die größte Herausforderung bei der Groß- und Kleinschreibung. Im Wörterbuch nachschlagen kann man sie nicht, denn dort findet man ja nur das Wort in seiner ursprünglichen Wortart. Also braucht man andere Hilfsmittel. Sie können sich folgendermaßen helfen:

→ Baustein 6

- Denken Sie an die Merkmale des Substantivs. Die werden bei der Substantivierung ebenso vorhanden sein.
- Achten Sie auf Hinweisschilder im Satz. Das sind die typischen Begleiter des Substantivs (Artikel, Adjektiv und Pronomen) sowie Präpositionen.
- Machen Sie Ersatztests. Prüfen Sie, ob das Wort, über das Sie nachdenken, durch ein ursprüngliches Substantiv ersetzt werden kann.

Ich mache vor, wie es geht. Die Hinweisschilder sind jeweils unterstrichen. In Kursivschrift steht erst ein Substantiv, dann eine Substantivierung. Die beiden sind gegeneinander austauschbar:

- **Hinweisschild Artikel**
  Marco lässt <u>das</u> *Fleisch / Frittierte* stehen.
  Er hat sich auf <u>das</u> *Fitnessprogramm / Fasten* eingestellt.
  <u>Im</u> [= in dem] *Rückblick / Nachhinein* ist es ihm unbegreiflich, wie er vorher so gefräßig sein konnte.

- **Hinweisschild Adjektiv**
  Er hört <u>lautes</u> *Gepolter / Poltern,*
  gefolgt von <u>herzhaftem</u> *Gelächter / Lachen.*
  Er springt ins <u>kalte</u> *Wasser / Nass.*

- **Hinweisschild Pronomen**
  <u>Etwas</u> *Wein / Alkoholisches* kann nicht schaden.
  <u>Viel</u> *Arbeit / Hin und Her* verbrennt genug Kalorien.
  <u>Dieses</u> *Gejammer / Jammern* bringt uns nicht weiter.

- **Hinweisschild Präposition**
Er hat <u>ohne</u> *Vorbehalt / Wenn und Aber* seine Hilfe zugesagt.
<u>Beim</u> *Sport / Fußballspielen* sieht man ihn kaum noch.
Er verbringt die meiste Zeit <u>mit</u> *Recherchen / Lesen.*

Die Beispiele zeigen erstens, wie die Hinweisschilder im Satz aufgestellt sind. Sie zeigen zweitens, wie der Ersatztest funktioniert. Drittens zeigen sie, was alles substantiviert werden kann. Grundsätzlich ist die Substantivierung bei allen Wortarten außer dem Artikel möglich; am häufigsten praktiziert wird sie bei Adjektiven und Verben. Deshalb sollten Sie sich hier das Geschehen genauer ansehen.

Substantivierte Adjektive

Adjektive in der Rolle von Substantiven kommen ständig vor. So sind Sie sich darüber *im Klaren*, dass jeder einmal *den Kürzeren* zieht. *Im Allgemeinen* gleicht sich das wieder aus, sodass man *im Großen und Ganzen* zufrieden sein kann.

Substantivierte Adjektive können durch sämtliche Hinweisschilder angezeigt werden. Im folgenden Beispiel sind die Hinweise unterstrichen und zusätzlich benannt. Die substantivierten Adjektive sind kursiv gesetzt:

<u>Das</u> [Artikel] *Wichtigste* weißt du noch gar nicht: Der <u>große</u> [Adjektiv] *Blonde*, den Nana so nett findet, ist der neue Assistent. Da wird Nana nächstes Semester <u>ihr</u> [Pronomen] *Bestes* geben und wir haben <u>allerlei</u> [Pronomen] *Unterhaltsames* zu erwarten. Für mich wird das <u>bei</u> [Präposition] *Weitem* <u>das</u> [Artikel] *Vergnüglichste* sein, was auf dem Programm steht.

Das *bei Weitem* im letzten Satz können Sie auch kleinschreiben: *bei weitem*. Diese Option gilt für Verbindungen aus Präposition und dekliniertem Adjektiv ohne vorangehenden Artikel. Entsprechende Fälle sind zum Beispiel *von Neuem / neuem, seit Langem / langem, bis auf Weiteres / weiteres, ohne Weiteres / weiteres.*

Allerlei Unterhaltsames im Satz davor zeigt eine gängige Kombination: das Adjektiv im Verbund mit einem Indefinitpronomen. Hier können Sie gleich eine ganze Reihe auswendig lernen.

Zum Einprägen
Das Adjektiv wird großgeschrieben, wenn es sich auf die Mengenangaben *alles, allerlei, viel, genug, etwas, wenig, nichts* bezieht.

Allerdings ist das Auswendiglernen nur die halbe Miete. Für die andere Hälfte müssen Sie genau hinsehen. Bitte vergleichen Sie die folgenden beiden Sätze:

Rede bitte *etwas lauter*.
So *etwas Lautes* raubt mir den letzten Nerv.

→ Baustein 9

Sie sehen zweimal die Folge aus *etwas* + *laut* [+ Endung], allerdings mit unterschiedlichen Bezügen. Im ersten Satz bezieht sich *lauter* auf die Handlung: *Rede wie? – Lauter*. Es ist ein Adverbial und wird als solches kleingeschrieben. Die Steigerung spielt dabei keine Rolle. Im zweiten Satz bezieht sich *Lautes* auf die Mengenangabe und wird großgeschrieben. Beachten Sie also: Wenn zwei Wörter aufeinander folgen, heißt das noch lange nicht, dass sie sich aufeinander beziehen. Schauen Sie also nicht nur auf die Reihenfolge, sondern immer auch auf die Funktion.

> **Tipp**
>
> Hinweisschilder sind Hinweise, dass Sie genauer hinsehen sollten.

Wenn Sie genau hinsehen, vermeiden Sie auch die folgenden Verwechslungen. Die erste betrifft das Wörtchen *am*.

Diese Kinder brauchen die Hilfe *am nötigsten*.
Doch gerade hier wird *am Nötigsten* gespart.

Im ersten Satz ist *am* Teil des Superlativs. Führt man den auf die Grundstufe zurück, dann fällt es weg: *Diese Kinder brauchen die Hilfe nötig*. Gefragt wird *Wie?* Die Antwort wird kleingeschrieben. Im zweiten Satz ist *am* die Verbindung aus Präposition und Artikel: *an dem Nötigsten*. Die Frage lautet: *Woran wird gespart?* Die Antwort ist ein Substantiv (*am Geld, am Impfstoff*) oder eben eine Substantivierung (*am Grundlegenden, am Nötigsten*), auf jeden Fall Großschreibung.

Die zweite Verwechslung betrifft Ersatz und Begleitung. So manches Adjektiv, das auf den ersten Blick aussieht, als würde es ein Substantiv ersetzen, ist tatsächlich nur sein Begleiter.

Marco hat so viel abgenommen, dass er sich voller Stolz drei neue Hosen gekauft hat. *Die alten* hat er zu Oxfam gebracht. Die Jacketts, allerdings nur *die besseren*, kann er noch tragen.

Wenn Marco so weitermacht, wird er noch *der eitelste* von den Jungs.

An den kursiv gedruckten Stellen stehen jeweils Artikel + Adjektiv ohne unmittelbar folgendes Substantiv. Dennoch sind Substantive als Bezugswörter vorhanden: *die alten Hosen, die besseren Jacketts, der eitelste Junge*. Sie sind nur nicht noch einmal ausgeschrieben, weil die Doppelung stilistisch nicht schön wäre. Die Adjektive sind Begleiter der (unausgeschriebenen) Substantive, und als solche werden sie kleingeschrieben.

Zum Einprägen
Adjektiv als Begleiter des Substantivs → klein Adjektiv als Ersatz für ein Substantiv → groß

Substantivierte Verben

Verben lassen sich so leicht substantivieren, dass Sie vielleicht gar nicht immer merken, wenn Sie es tun. Vorsicht, dann sitzt ein Fehlerteufel im Text! Deshalb sollten Sie sich das Wesentliche bewusst machen.

Für die Substantivierung des Verbs kommen nur die infiniten Formen in Frage: Das sind der Infinitiv und die beiden Partizipien. Ein konjugiertes Verb wird außer am Satzanfang niemals großgeschrieben. Das schränkt die Sache schon mal sehr stark ein. Bei den Hinweisschildern sehen Sie oft die Präposition und den Artikel zusammengezogen: *an + dem = am; für + das = fürs*. In den Beispielsätzen sind die Hinweisschilder wieder unterstrichen und benannt.

→ Baustein 10

<u>Das</u> [Artikel] *Joggen* hat Nana noch nie gereizt. <u>Diesem ziellosen</u> [Pronomen + Adjektiv] *Laufen* kann sie nichts abgewinnen. Lieber verbringt sie die Zeit <u>mit</u> [Präposition] *Essen* oder *Schlafen*. <u>Beim</u> [Präposition + Artikel] *Arbeiten* verausgabt man sich gerade genug.

Zum Einprägen
am, beim, vom, zum, durch, für, mit, ohne + großgeschriebenes Verb

Die beiden Partizipien werden bei der Groß- und Kleinschreibung wie Adjektive behandelt.

Sonstige Substantivierungen

Die restlichen Wortarten verhalten sich vom Prinzip her gleich. Sie wissen ja jetzt, worauf Sie achten müssen.

- **substantivierte Zahlwörter**
  Nana hatte im Schulsport immer eine *Fünf*. Trotzdem steht sie da wie eine *Eins*. Sie ist immer die *Erste*, die ihre Hilfe zusagt. Kein *Zweiter* ist so hilfsbereit. Deshalb denken alle als *Erstes* an Nana, wenn sie jemanden brauchen.

- **substantivierte Adverbien**
  Das viele *Hin* und *Her* schadet der Beziehung. Ein glückliches *Hier* und *Heute* ist so nicht möglich.

- **substantivierte Konjunktionen**
  Ich möchte eine klare Entscheidung und kein *Oder*. Ich lasse mich nur dann auf die Sache ein, wenn er ohne *Wenn* und *Aber* zusagt.

- **Substantivierte Pronomen**
  Der neue Assistent hat Nana das *Du* angeboten. Auf *Du* und *Du* lässt es sich besser zusammenarbeiten. So trägt jeder das *Seine* [hier auch: das *seine*] zum Fortschritt der Wissenschaft bei.

- **Substantivierte Präpositionen**
  Mit seiner Verbissenheit manövriert er sich selbst ins *Aus*.

- **Substantivierte Interjektionen**
  Es ging ein lautes *Oh* und *Ach* durch die Menge.

Tipp

Fassen Sie für sich zusammen, worum es bei der Substantivierung geht, und prägen Sie sich das ein. Am besten nehmen Sie als Ausgangspunkt das Substantiv.

---

2. Namen und feste Verbindungen

Hier geht es um Adjektive und Partizipien, die Bestandteil eines Namens oder eines feststehenden Begriffs sind. Diese Fälle sind nicht einheitlich geregelt wie die Substantivierung, sondern mal so und mal so. Das ist ein Nachteil. Der Vorteil ist: Sie können alles nachschlagen. Selbstverständlich gibt es auch Richtlinien. Hier sind sie:

Namen

Adjektive, die zu einem Namen gehören, werden großgeschrieben. Zum Beispiel: *Katharina die Große, die Deutsche Bibliothek, das Statistische Bundesamt, die Frankfurter Allgemeine Zeitung, die Hohe Tatra, der Stille Ozean, der Schiefe Turm von Pisa.* Bei der Anwendung der Regel stößt man vor allem auf die folgenden Probleme: Erstens ist man sich nicht immer sicher, ob man es überhaupt mit einem Namen zu tun hat; zweitens gibt es Ausnahmen. So schreibt sich etwa das *Institut für Deutsche Sprache* mit großem *Deutsch*; die *Gesellschaft für deutsche Sprache* belässt es bei einem kleinen *deutsch*. In solchen Fällen sollten Sie immer auf Nummer sicher gehen und prüfen, wie es sich verhält.

Amts- und Funktionsbezeichnungen

Amts- und Funktionsbezeichnungen werden gehandhabt wie Namen: *der Heilige Vater, der Technische Direktor, der Regierende Bürgermeister.* Sie bringen die gleichen Schwierigkeiten mit sich und die werden auf gleiche Weise gelöst: durch Überprüfen.

Besondere Kalendertage

Das sind Tage wie *der Heilige Abend, der Erste Mai* oder *der Internationale Frauentag.* Sie werden großgeschrieben. Wenn Sie dagegen zum Jahresende alles Gute für das neue Jahr wünschen, dann gilt das nicht als besonderer Tag: Das *neue* wird kleingeschrieben.

Historische Ereignisse und Epochen

Hier wird per Großschreibung angezeigt, dass es sich um bestimmte Ereignisse handelt: *der Dreißigjährige Krieg, der Westfälische Friede, die Goldenen Zwanziger, der Schwarze Freitag, der Zweite Weltkrieg.* Der Dreißigjährige Krieg (großgeschrieben) ist immer der von 1618 bis 1648; ein dreißigjähriger Krieg (kleingeschrieben) kann sich überall und zu jeder Zeit abspielen.

Feste Begriffe

Adjektive, die mit dem Substantiv zusammen eine begriffliche Einheit bilden, werden regelmäßig kleingeschrieben, so etwa *der runde Tisch*, *das schwarze Schaf* und *das große Los*. In vielen Fällen haben Sie die Wahl, zum Beispiel bei der *gelben / Gelben Karte*, beim *öffentlichen / Öffentlichen Dienst* oder bei der *großen / Großen Koalition*. Ob Sie hier groß- oder kleinschreiben, ist inhaltlich nicht von Bedeutung. Nur einheitlich sollten Sie es halten. Wenn Ihr Text mit einer *Kleinen Anfrage* im Parlament beginnt, sollte er nicht mit einer *kleinen Anfrage* aufhören. Das würde zerstreut und nachlässig wirken. Ansonsten achten Sie bitte auf die Gepflogenheiten in Ihrem Fach und halten Sie sich an das Übliche.

3. Herkunftsbezeichnungen

Aus geographischen Namen können auf zweierlei Weise Ableitungen gebildet werden:

- mit der Endung *-er*
  der Kölner Dom, Nürnberger Lebkuchen, Schweizer Käse, Berliner Luft, das Frankfurter Museumsuferfest

- mit der Endung *-isch*
  die nordrhein-westfälischen Städte, bayrisches Bier, englische Toffees, brandenburgischer Tourismus

Die Beispiele haben die Regel bereits vorgeführt: Ableitungen auf *-er* werden großgeschrieben. Ableitungen auf *-isch* werden kleingeschrieben.

Bei Ableitungen von Personennamen können Sie sich die Schreibweise aussuchen:

die *goetheschen Dramen* oder die *Goethe'schen Dramen*
die *darwinsche Theorie* oder die *Darwin'sche Theorie*

Bevor Sie sich allerdings über solche Formen den Kopf zerbrechen, können Sie auch einfach den Genitiv setzen: *Goethes Dramen* und *Darwins Theorie*.

4. Zeitangaben

Sonntagabends oder *sonntags abends* oder doch lieber *am Sonntagabend?* Zeitangaben können einen schon deshalb durcheinanderbringen, weil es bei inhaltlicher Gleichheit unterschiedliche Ausdrucksmöglichkeiten gibt. In der Rechtschreibung jedoch halten sie sich alle an die gute Ordnung: Sie werden großgeschrieben, wenn sie als Substantive auftreten; sie werden kleingeschrieben, wenn sie Adverbien sind. Das sieht in der Anwendung so aus:

> Nana freut sich auf *den Sonntag.*
> Sie geht *am Sonntagabend* ins Kino.
> Sie hat *sonntagabends* gerne Unterhaltung.
> Deshalb trifft sie sich *sonntags abends* mit Freunden.

In den beiden ersten Sätzen sind deutlich Substantive angezeigt, und zwar durch Präposition und Artikel. Im dritten und vierten Satz sind die Zeitangaben Adverbien. Darauf deutet auch das *-s* in der Endung. Dieses *-s* kennzeichnet eine ganze Reihe von Zeitadverbien: *morgens, mittags, abends, nachts, montags, dienstags, mittwochs* ... Nur eine kleine Verwechslungsgefahr gibt es:

> Eines *Sonntags* stand Nanas Freundin aus Hamburg vor der Tür.

Hier ist das *-s* in *Sonntags* ein Genitiv-s. Schon der vorausgehende Artikel deutet auf ein Substantiv.
  Nun bleiben noch die Kombinationen aus Zeitadverbien und Tageszeit. Die schreibt man so:

> Nana hat mich *gestern Abend* angerufen. Wir wollen uns *heute Morgen* zum Frühstück treffen und *morgen Mittag* zusammen zu dem Vortrag gehen.

Nach dem Adverb, das den Tag angibt, wird die Tageszeit als Substantiv behandelt und großgeschrieben.

Zum Einprägen	
der Montag	*gestern*
eines Montags	*gestern Abend*
Montag früh	*gestern früh*
der Montagmorgen	
montagmorgens	
montags morgens	

5. Anreden

Die Höflichkeitsanrede *Sie* und alle Possessivpronomen, die sich darauf beziehen, schreibt man groß. Die vertraulichen Anredefürwörter *du* und *ihr* und alle Possessivpronomen, die sich darauf beziehen, schreibt man klein. In Briefen kann man sie auch großschreiben. Ganz einfach also. Aufpassen müssen Sie lediglich, dass Sie die Pronomen richtig zuordnen.

> Liebe Frau Stern,
> vielen Dank noch einmal für *Ihre* freundliche Hilfe am Samstagabend. Wir hoffen, dass *Sie* durch *Ihren* Umweg nicht allzu spät zu *Ihrer* Verabredung gekommen sind. Unsere Freunde jedenfalls waren sehr froh, dass *Sie* [= Frau Stern] ihren Besuch [= den Besuch der Freunde] wohlbehalten abgeliefert haben. Wir wünschen *Ihnen*, dass *Sie* die nächsten Samstagabende entspannter genießen können. Der Wein könnte *Ihnen* dabei helfen.

Eine kritische Stelle sehen Sie in dem Satz mit den Freunden. Die Freunde waren froh, dass der Besuch, den sie erwarteten, von Frau Stern abgeliefert wurde. Wäre das Possessivpronomen vor *Besuch* großgeschrieben, dann hätte Frau Stern ihren eigenen Besuch zu den Freunden gebracht. Groß und klein entscheiden hier über Bedeutungen.

6. Einzelfälle

Es gibt ein paar Wörter, die als Substantiv und parallel in einer anderen Wortart auftreten. Sie sehen in beiden Fällen gleich aus; unterschiedlich ist nur die Groß und Kleinschreibung. Da kann man leicht ins Schleudern geraten. Bitte vergleichen Sie:

> Ihr habt *Recht* [oder: *recht*]. – Uns ist es *recht*.
> Sie hat *Schuld* daran. – Sie ist *schuld*.
> Er macht *Ernst*. – Sie nimmt das nicht *ernst*.
> Er macht mir *Angst*. Ich habe *Angst*. – Mir ist *angst*.

Die großgeschriebenen Wörter links werden als Substantive erfragt: *Wen oder was?* Die kleingeschriebenen Wörter rechts werden wie Adjektive behandelt. Die Frage lautet *Wie?*

Übung

Bitte bringen Sie das, was in Großbuchstaben dasteht, in die richtige Form. Beachten Sie dabei, dass manchmal mehrere Wörter zusammengezogen sind.

ERSTE RUNDE

Am DIENSTAGMORGEN (_____) rief Nana an und fragte, ob

ich Zeit und Lust hätte, ABENDS (_____) ITALIENISCH

(_____) zu kochen. Lust auf italienisches ESSEN

(_____) habe ich immer, nur ist mein DIENSTAGABEND

(_____) schon ausgebucht. Seit etwa einem Jahr gehe

ich DIENSTAGSABENDS (_____) zum Sport. Im Winter gehen

wir SCHWIMMEN (_____), im Sommer LAUFEN

(_____). Manchmal fahren wir RAD (_____).

Als wir letztes MAL (_____) mit den Rädern unterwegs

waren, bin ich gestürzt. Vier Wochen war ich GRÜN (_____)

und BLAU (_____). So ein BLAU (_____)

siehst du sonst nur bei Yves Klein. Seitdem ist meine Lust am RADFAHREN

(_____) gedämpft. Zum KOCHEN (_____)

treffen wir uns jetzt am DONNERSTAG (_____). Ich freue

mich auf die Mädels und den langen ABEND (_____).

ZWEITE RUNDE

Der Hausmeister im Wohnheim hat es nicht leicht. Es ist schon nicht das

ANGENEHMSTE (_____), anderer Leute Haare aus den

Abflüssen zu holen. Am SCHLIMMSTEN (_____) aber sind

die ewig UNZUFRIEDENEN (_____). Einer Tusnelda aus dem

ersten Stock – ich meine die KLEINE DÜRRE (_____) – kann

man grundsätzlich nichts RECHT (_____) machen. Sie hat

immer RECHT (_____). Noch dazu hat sie etwas VERLOGENES

(_____) an sich. Wer sich mit der anlegt, zieht leicht den

KÜRZEREN (_____). Letzten SAMSTAG (_____)

hat der Hausmeister ihr MAL (_____) gezeigt, wer am

LÄNGEREN (_____) Hebel sitzt. Tusnelda wollte mit ein

paar AUSERWÄHLTEN (_____) ihren Geburtstag feiern und

hatte sich vorher mächtig beschwert. Die Küche sei zu dreckig zum

KOCHEN (_____) und die Dusche zu eklig, um zu DUSCHEN

(_____). Das Wohnheim sei zum WEGLAUFEN

(_____) und der Hausmeister sei SCHULD (_____).

Als Tusnelda am SAMSTAGNACHMITTAG (_____) in der Küche

wirkte, kam nichts wirklich GUTES (_____) dabei heraus.

Es hatte ihr jemand den Hahn abgedreht.

DRITTE RUNDE

Sehr geehrter Herr Schwarz,

unser Hauptdepot in Kostheim hat IHR (_____) Schreiben

an mich weitergeleitet. Zunächst einmal vielen Dank für IHRE

(_____) sorgfältige Darstellung. Selbstverständlich

werden wir dafür sorgen, dass SIE (_____) IHRE

(_____) Zeitung pünktlich im Briefkasten haben.

Frau Weiß, die für IHREN (_____) Bezirk zuständig ist,

sagte mir, SIE (_____) selbst habe in den letzten beiden

Wochen IHRE (_____) Lieferungen verspätet erhalten.

Zudem habe SIE (_____) die Baustelle am Marktplatz

weitläufig umfahren müssen. Die Zufahrt zu IHREM (_____)

Haus sei ein paar Tage lang gesperrt gewesen. Deshalb habe SIE

(_____) IHRE (_____) Zeitung in die

Einfahrt gelegt. Mit Regen habe SIE (_____) nicht gerechnet.

Wir haben Frau Weiß darauf hingewiesen, dass diese Art der Zustellung

für unsere Kunden nicht gut genug ist. Sie können sicher sein, dass SIE

(_____) von nun an jeden Morgen ein unversehrtes

Exemplar IHRER (_____) Zeitung in IHREM (_____)

Briefkasten finden werden.

19 Getrennt oder zusammen?

Was ist ein Wort? – Eine Begriffseinheit zwischen zwei Lücken.
Also geht es bei der Getrennt- und Zusammenschreibung letztlich
darum, was Sie als Begriffseinheit definieren. In manchen Fällen
können Sie das selbst entscheiden; in den meisten Fällen jedoch
ist die Definition vorgegeben.
  Im Folgenden ist das große Gebiet der Getrennt- und Zusammenschreibung in fünf Felder aufgeteilt:

1. Verbindungen mit Verben
2. Der Infinitiv mit *zu*
3. Verbindungen mit Adjektiven und Partizipien
4. Verbindungen aus Präposition und Substantiv
5. Die Substantivierung von Wortgruppen

1. Verbindungen mit Verben

Verben kommen in jedem Satz vor, sie bestimmen den Satz, und sie sind auch in ihrem Verhalten und in der Wortbildung sehr lebhaft. Da ist man sich nicht immer sicher, ob sie sich ein anderes Wort einverleibt haben, so wie *tun* bei *leidtun*, oder ob sie lediglich mit dem anderen Wort zusammen auftreten, so wie *fahren* bei *Rad fahren*. Das zusammengesetzte *leidtun* ist zu einem neuen Wort geworden, zu einer Zusammensetzung; *Rad fahren* mit seinen getrennten Bestandteilen ist eine Wortgruppe.

Unfeste Zusammensetzungen

Ist Ihnen schon einmal aufgefallen, dass zusammengesetzte Verben sich beim Eintreten in den Satz unterschiedlich verhalten? Manche bleiben zusammen, andere gehen auseinander:

> *langweilen* → Ich *langweile* mich.
> *teilnehmen* → Ich *nehme* am Unterricht *teil*.

Das Verb *langweilen* ist eine *feste* oder *untrennbare Zusammensetzung*. Die bleibt in jeder Position zusammen. Das Verb *teilnehmen* ist eine *unfeste* oder *trennbare Zusammensetzung*. Unfeste Zusammensetzungen sind die, bei denen man aufpassen muss. Denn man verwechselt sie leicht mit Wortgruppen. Doch es gibt Anhaltspunkte, die bei der Orientierung helfen. Die folgenden Merkmale deuten auf Zusammensetzungen:

Zusammensetzungen werden zusammengeschrieben, Wortgruppen getrennt.

- Der Zusatz an der ersten Stelle besteht aus einem Substantiv, das nicht mehr als solches wahrgenommen wird. Es ist ein *verblasstes Substantiv*. Beispiele sind *stattfinden, teilnehmen, leidtun, nottun*. (Über die Verblassung kann man streiten; man kann es auch lassen und stattdessen im Wörterbuch nachschlagen.)

- Der Zusatz besteht aus einem Adjektiv, das mit dem Verb zusammen eine neue Gesamtbedeutung bildet. Beispiele sind *schwarzarbeiten, feststehen, gutschreiben*. Bitte vergleichen Sie: *Ich werde Ihnen den Betrag gutschreiben. Im Moment sind meine Finger so kalt, dass ich nicht gut schreiben kann.* Im ersten Satz hat *gutschreiben* die Bedeutung von *anrechnen* und wird zusammengeschrieben; im zweiten Satz haben *gut* und *schreiben* jeweils ihre eigene Bedeutung und bleiben deshalb getrennt.

- Der Zusatz kann ein Bestandteil sein, der als eigenständiges Wort gar nicht mehr vorkommt: *abhandenkommen, anheimstellen, überhandnehmen, vorliebnehmen, zurechtkommen.*

Manche Zusammensetzungen mit einem Adverb an der ersten Stelle kommen (fast) gleichlautend auch als Wortgruppe vor. Man hört lediglich einen kleinen Unterschied bei der Betonung. Bitte lesen Sie sich die folgenden Sätze laut vor:

Bei dem Unglück damals haben viele Faktoren *zusammengespielt.* Ich habe die Beteiligten nie *wiedergesehen.*

Wir haben einmal in der Pinte *zusammen gespielt.* Danach habe ich ihn dort nie *wieder gesehen.*

Im ersten Beispiel treten *zusammen-* und *wieder-* als Verbzusatz auf und werden betont gelesen: *zusammengespielt, wiedergesehen.* Im zweiten Beispiel sind *zusammen* und *wieder* selbstständige Adverbien und bekommen keine besondere Betonung.
Wenn Sie mit der Betonung allein nicht weiterkommen, können Sie auch eine Ersatzprobe machen. Das selbstständige Adverb lässt sich ersetzen, der Verbzusatz nicht:

Wir haben einmal *gemeinsam* gespielt. Danach habe ich ihn nie *noch einmal* gesehen.

Achten Sie bitte auch auf kleine Bedeutungsunterschiede. So müssten Sie zum Beispiel entscheiden, ob Sie sich *weiter bilden* möchten oder ob Sie sich *weiterbilden* möchten. Im ersten Fall werden Sie sich auch weiterhin bilden; im zweiten Fall werden Sie auf Ihre jetzige Bildung aufbauen.

Verb + Verb

Die Kombination aus Verb + Verb wird getrennt geschrieben. Sie können also getrost morgens länger *liegen bleiben*, nachmittags *spazieren gehen* und abends *essen gehen.*
In zwei Fällen können Sie von der Regel abweichen. Verbindungen mit *bleiben* und *lassen* an der zweiten Stelle können Sie zusammenschreiben, wenn eine übertragene Bedeutung vorliegt: *in der Schule sitzenbleiben, jemanden im Regen stehenlassen.* Beim Kennenlernen haben Sie die Wahl, ob Sie jemanden *kennen lernen* oder *kennenlernen.*

> **Tipp**
>
> Schreiben Sie Verbindungen aus Verb + Verb einheitlich getrennt.
> Dann brauchen Sie sich nicht mit Ausnahmen aufzuhalten.

Substantiv + Verb

Verbindungen aus Substantiv + Verb werden als Wortgruppen gehandhabt und getrennt geschrieben: *Bahn fahren, Bezug nehmen, Fuß fassen, Not leiden, Rad fahren, Schlange stehen.* Entscheidend ist, dass man das Substantiv noch als Substantiv wahrnimmt. Ansonsten landet man bei den verblassten Substantiven und der Zusammenschreibung. Siehe unfeste Zusammensetzungen oben.

Adjektiv + Verb

Bei Verbindungen aus Adjektiv und Verb spielen zwei Faktoren eine Rolle: erstens der Bezug des Adjektivs, zweitens die Gesamtbedeutung. Wenn das Adjektiv sich auf die Handlung bezieht, wird jedes Wort für sich geschrieben: *schnell laufen, kurz anhalten, tief durchatmen.* Bezieht das Adjektiv sich jedoch auf das Ergebnis der Handlung, dann können Sie auch zusammenschreiben. Bitte vergleichen Sie:

> Nana hat Zwiebeln *kleingehackt / klein gehackt* und sich dabei die Augen *rotgeweint / rot geweint.*

Die Zusammenschreibung funktioniert aber nicht mehr, sobald das Adjektiv verändert oder erweitert wird:

> Sie hat die Zwiebeln *sehr klein gehackt* und sich die Augen *dick und rot geweint.*

Die Zusammenschreibung funktioniert auch dann nicht, wenn das Verb eine Vorsilbe hat. Sie können also ein Tuch *rotfärben* oder *rot färben*, doch Sie können es nur *rot einfärben.*
Da die Zusammenschreibung an sehr viele Bedingungen geknüpft ist, sind Sie unter dem Strich mit der Getrenntschreibung besser bedient. Allerdings gibt es auch zu dieser Empfehlung schon wieder Ausnahmen: Es gibt Wörter, bei denen die Getrenntschreibung zwar möglich ist, aber ungebräuchlich. Das

werden Sie erleben, wenn jemand Kaugummi auf Ihrem Boden *festtritt* oder Sie Ihr Auto *volltanken.*

Zum zweiten Faktor, der Gesamtbedeutung: Wenn das Adjektiv und das Verb zusammen eine übertragene Bedeutung haben, wird zusammengeschrieben. Mittlerweile werden Sie *rotsehen* und es *satthaben,* noch weitere Einzelfälle zu lesen. Vielleicht ist es Ihnen ein Trost, dass auch Vielschreiber sich mit der Getrennt- und Zusammenschreibung *schwertun.*

Wortgruppen mit sein

Verbindungen mit dem Verb *sein* werden getrennt geschrieben. Wenn Sie *dabei sein* wollen, sollten Sie pünktlich *da sein.* Wir werden alle *zusammen sein.*

2. Der Infinitiv mit *zu*

Nichts *zu machen,* nichts *zumachen* oder nichts *zuzumachen?* Das ist hier die Frage. Bei einfachen Verben und untrennbaren Verbindungen schreibt man den Infinitiv mit *zu* getrennt:

Da ist nichts *zu machen.*
Es gibt nichts *zu hinterfragen.*

Bei Verben mit abtrennbarem Verbzusatz wird das Infinitiv-*zu* zwischen den Verbzusatz und den Verbstamm geschoben.

Ich habe keine Zeit *mit<u>zu</u>machen.*
Ich habe vergessen, das Fenster *auf<u>zu</u>machen.*
Bitte denke daran, die Tür *zu<u>zu</u>machen.*

Im letzten Satz kommt es zu einer Doppelung aus dem Verbzusatz *zu* und dem zum Infinitiv gehörigen *zu.* Diese Doppelung mag Ihnen seltsam vorkommen, doch sie hat ihre Richtigkeit.

Zum Einprägen

Bei einem Verb mit dem Verbzusatz *zu* wird beim Infinitiv mit *zu* zweimal *zu* zusammengeschrieben: *zuzuhören, zuzugeben, zuzusehen.*

3. Verbindungen mit Adjektiven und Partizipien

Viele Adjektive kann man in ihrer Bedeutung näher bestimmen, indem man ihnen ein Bestimmungswort voranstellt:

rot → dunkelrot, hellrot, karmesinrot, krebsrot
warm → brühwarm, feuchtwarm, lauwarm
süß → zuckersüß, honigsüß, bittersüß

Hier werden in der Regel Zusammensetzungen gebildet. Deren Betonung liegt auf dem ersten Bestandteil. Oft wird durch die Zusammensetzung eine Umschreibung eingespart: *krebsrot = rot wie ein Krebs.*

Getrennt schreibt man dann, wenn das Adjektiv an der ersten Stelle eine Ableitung ist: *eisig kalt, bläulich grün, tierisch gut.* Bitte vergleichen Sie: *zuckrig süß* (mit *zuckrig* als Ableitung von *Zucker*) und *zuckersüß* (als Einsparung für *süß wie Zucker*) oder *riesig groß* (mit *riesig* als Ableitung von *Riese*) und *riesengroß* (als Einsparung für *groß wie ein Riese*).

Bei vielen Verbindungen können Sie die Schreibweise wählen:

eine *allgemein gültige / allgemeingültige* Aussage
ein *schwer verständlicher / schwerverständlicher* Text
eine *leicht verdauliche / leichtverdauliche* Speise
eine *nicht öffentliche / nichtöffentliche* Sitzung

Sobald jedoch der erste Bestandteil verändert oder erweitert wird, müssen Sie getrennt schreiben: *ein sehr schwer verständlicher Text.*

Bei Verbindungen mit einem Partizip an der zweiten Stelle schauen Sie bitte auf die zugrunde liegende Phrase. Wenn Sie gegenüber dieser Phrase etwas einsparen, schreiben Sie zusammen:

den Ausschlag geben → *ausschlaggebend* (*den* gespart)
vor Freude strahlen → *freudestrahlend* (*vor* gespart)
in Schweiß gebadet → *schweißgebadet* (*in* gespart)

Wenn durch das Partizip nichts eingespart wird, können Sie getrennt oder zusammenschreiben:

allein erziehen → *alleinerziehende / allein erziehende Mütter*
Erdöl exportieren → *erdölexportierende / Erdöl exportierende Länder*
Krebs erregen → ein *krebserregender / Krebs erregender Stoff*

Sobald jedoch ein Fugen-s vorhanden ist, müssen Sie zusammen-schreiben: *gesundheitsfördernde Maßnahmen.*

4. Verbindungen aus Präposition und Substantiv

Bei Verbindungen aus Präposition und Substantiv kommt es darauf an, wie viel Selbstständigkeit das Substantiv sich erhalten hat. Ein verblasstes Substantiv wird mit der Präposition zusammengeschrieben: *infolge, anhand, zuliebe.* Ein deutlich erkennbares Substantiv dagegen wird für sich geschrieben: *zu Fuß, von Sinnen, im Grunde.* In vielen Fällen können Sie sich die Schreibweise aussuchen:

> *anstelle / an Stelle* des Kindes
> *aufgrund / auf Grund* der Tatsache
> *imstande / im Stande* sein
> *infrage / in Frage* kommen
> *zugrunde / zu Grunde* gehen
> *zurande / zu Rande* kommen

Welche Version Sie wählen, das ist gehüpft wie gesprungen. Achten Sie nur darauf, dass Sie die einmal eingeführte Schreibweise in Ihrem Text beibehalten.

5. Die Substantivierung von Wortgruppen

Bei der Substantivierung von Wortgruppen geht es darum, wie Sie sich beim *Radfahren* verhalten. Die zugrunde liegende Fügung schreiben Sie getrennt: *Am Sonntag will ich Rad fahren.* Wenn Sie diese Fügung nun in die Rolle eines Substantivs versetzen wollen, reicht es nicht, das *Fahren* großzuschreiben. Sie müssen zeigen, dass das *Rad* mit dazugehört. Das erreichen Sie durch Zusammenschreibung: *Beim Radfahren kann ich mich am besten entspannen.*

Zum Einprägen

Zweigliedrige Wortgruppen werden bei der Substantivierung zusammengezogen und als Ganzes großgeschrieben.

> zusammen sein → im Zusammensein
> sitzen bleiben → das Sitzenbleiben
> Schlange stehen → beim Schlangestehen

Besteht Ihre Wortgruppe aus mehr als zwei Gliedern, so werden Sie an einem Bindestrich nicht vorbeikommen:

Marie hat die Prüfungsvorbereitungen auf die lange Bank geschoben. Das *Auf-die-lange-Bank-Schieben* ist ihr nicht bekommen.

Die erste Überlegung, bevor Sie solche Ketten bilden, sollte allerdings sein, ob Sie dem Leser damit einen Gefallen tun. Eher nicht.

Tipp

Schlagen Sie nach! Die Getrennt- und Zusammenschreibung ist ein Thema mit vielen Einzelregeln und noch mehr Zweifelsfällen. Sie ist gewiss kein Ruhmesblatt der Rechtschreibreform. Sogar im *Duden* steht als Hinweis bei den Regeln „Vgl. im Einzelnen das Wörterverzeichnis". Wenn die das schon sagen, ...

Übung

Bitte bringen Sie das, was in Großbuchstaben aneinandergereiht ist, in die richtige Form. Achten Sie dabei auch auf die Groß- und Kleinschreibung.

ERSTE RUNDE

Sabine hat sich entschlossen, an einem Schreibseminar TEILZUNEHMEN

(_____), bevor sie mit ihrer BACHELORARBEIT

(_____) anfängt. Das kommt nicht von ungefähr.

Sie hat gerade bei Stefan MITERLEBT (_____), was

alles SCHIEFGEHEN (_____) kann, wenn man sich mit

dem Schreiben und dem DRUMHERUM (_____) SCHWER-

TUT (_____). Stefan hatte sich während des Studiums nie UMS (_____) Schreiben gekümmert und

sich STATTDESSEN (_____) darauf verlassen, irgendwie

ZURECHTZUKOMMEN (_____). Bei kleineren Arbeiten

hatte das auch geklappt; bei der NÄCHSTGRÖSSEREN (_____)

Aufgabe jedoch nicht mehr. Zuerst hatte Stefan Schwierigkeiten, sein

Material ZUSAMMENZUBEKOMMEN (_____). Die Wartezeit

hatte er nicht MITEINGEPLANT (_____). Als er endlich

alles vor sich hatte, geriet er in Panik und fing Hals über Kopf an, eine

erste Version ZUSAMMENZUSCHREIBEN (_____). SOWEIT

(_____), so gut. Nur gab Stefan diese erste Version

gleich weiter zum KORREKTURLESEN (_____), und

zwar an seinen alten Freund Fritz. Fritz fing FREITAGSABENDS

(_____) an zu lesen, machte das ein paar SEITENLANG

(_____) mit und gab Stefan das Manuskript am

SAMSTAGMORGEN (_____) zurück. „MACHS

(_____) NOCHMAL (_____),

Stefan", hatte er darunter geschrieben. Das war das Ende einer wunderba-

ren Freundschaft.

ZWEITE RUNDE

Tom würde gerne mit Nana ZUSAMMENZIEHEN (_____).

Er hat eine DREIZIMMERWOHNUNG (_____) in Aussicht.

Sie liegt so günstig, dass man nicht mal BUSFAHREN

(_____) muss, um an die Uni zu kommen. Da

würde nicht jeden Tag so viel Zeit VERLORENGEHEN (_____).

Beim BUSFAHREN (_____) kann man ja doch meistens

nicht lesen. Die Wohnung ist gut in Schuss. Das Bad ist renoviert und gerade erst FERTIGGESTELLT (_____). Allerdings ist Nana

sich nicht sicher, ob sie und Tom MITEINANDERAUSKOMMEN

(_____). Die beiden sind zwar ANEINANDERGEWÖHNT

(_____), aber vielleicht reicht das doch nicht zum

ZUSAMMENLEBEN (_____). ZUSAMMENAUSGEHEN

(_____) ist doch etwas anderes als ZUSAMMENHEIMKOM-

MEN (_____) und ZUSAMMENSAUBERMACHEN

(_____). Beim SAUBERMACHEN

(_____) stellt sich leicht heraus, wie gut man wirklich

ZUSAMMENPASST (_____). Doch Tom kennt Nana gut

genug, um zwei Augen ZUZUDRÜCKEN (_____).

DRITTE RUNDE

Ich möchte nicht mehr jeden Mittag ESSENGEHEN (_____).

Das ESSENGEHEN (_____) ist erstens teuer, zweitens

einschläfernd und drittens ungesund. Ich bin wahrlich nicht erpicht darauf,

DIÄTZUHALTEN (_____). Doch das FETTTRIEFENDE

(_____) Essen ist selbst mir ZUVIEL (_____).

Ohne übertrieben ZUZULANGEN (_____), komme ich mir

da vor, als hätte ich Zement im Bauch. Hast du auch gelesen, dass Über-

gewicht in der Bevölkerung zu einem BESORGNISERREGENDEN

(_____) Problem geworden ist? HINZUKOMMT

(_____), dass viele Lebensmittel minderer Qualität

KREBSERREGENDE (_____) Stoffe enthalten. Das alles

sollte Grund genug sein, sich selbst zu versorgen. Es geht doch nichts

über ein SELBSTGEKOCHTES (_____) Essen. Allerdings

wird es mir nicht LEICHTFALLEN (_____), das SELBSTVER-

SORGEN (_____) DURCHZUZIEHEN (_____).

Schon zum EINKAUFENGEHEN (_____) fehlt mir

manchmal die Zeit. Die müsste ich mir einfach nehmen. SOVIEL

(_____) muss mir die Sache WERTSEIN

(_____).

20 Wohin mit dem Bindestrich?

Der Bindestrich ist der kurze Strich, der ohne Leertaste direkt an ein Wort, einen Buchstaben oder eine Ziffer angefügt wird. Er kann drei verschiedene Funktionen erfüllen: Mal dient er der Verdeutlichung, mal der Aneinanderreihung und mal der Ergänzung. In einigen Fällen muss man ihn setzen, in anderen kann man ihn setzen. Lesen Sie, was man bei welcher Gelegenheit mit ihm anfängt.

Der längere Strich zwischen zwei Leertasten ist der Gedankenstrich. Siehe Baustein 30

1. Der Bindestrich zur Verdeutlichung

Hier gibt es ausschließlich Kannbestimmungen. Man kann einen Bindestrich setzen,

- um die einzelnen Bestandteile einer Zusammensetzung hervorzuheben:
  die Kann-Bestimmung, der Ich-Erzähler, der Bachelor-Abschluss

- um Zusammensetzungen übersichtlicher zu machen:
  der Leichtathletik-Länderkampf; die Gemeindegrundsteuer-Veranlagung, die Lotto-Annahmestelle

- um eine Zusammensetzung, in der drei gleiche Buchstaben aufeinandertreffen, leichter lesbar zu machen:
  See-Erfahrung, Kenn-Nummer, Schluss-Satz

- um substantivische Verbindungen aus dem Englischen besser zu gliedern:
das Desktop-Publishing, das Product-Placement, das Shopping-Center

- um Missverständnisse zu vermeiden:
das Druck-Erzeugnis vs. Drucker-Zeugnis

Tipp

Nutzen Sie den Bindestrich zur Verdeutlichung nur, um dem Leser das Lesen zu erleichtern. Setzen Sie ihn nicht, um den Leser auf die Bestandteile einer Zusammensetzung aufmerksam zu machen. Das wirkt besserwisserisch und belehrend.

---

2. Der Bindestrich zur Aneinanderreihung

Bei Aneinanderreihungen *muss* der Bindestrich gesetzt werden. Warum, das erkennen Sie an den Beispielen. Die wären ohne Bindestrich gar nicht lesbar. Ein Bindestrich steht

- in Aneinanderreihungen zwischen den einzelnen Wörtern:
der Do-it-yourself-Trend, die Anti-Aging-Therapie, die Coming-of-Age-Literatur, der Hals-Nasen-Ohren-Arzt

- bei substantivisch gebrauchten Infinitiven mit mehr als zwei Gliedern:
das Ich-habe-immer-Recht-Denken, zum In-die-Luft-Gehen, das In-die-Wüste-Schicken

- in Zusammensetzungen mit Abkürzungen:
Kfz-Papiere, US-amerikanisch, CO_2-Ausstoß

- in Zusammensetzungen mit einzelnen Buchstaben:
der i-Punkt, O-Beine, x-beliebig, Fugen-s

- in Zusammensetzungen mit Ziffern und Formelzeichen:
3-Tonner, 5-mal, 100-prozentig, γ-Strahlen, die 19-Jährige, die 19-jährige Studentin

- in Aneinanderreihungen mit Zahlen und Ziffern:
das 1.-Klasse-Abteil, der 3:1-Sieg, die 4-Zimmer-Wohnung

3. Der Bindestrich zur Ergänzung

Der Ergänzungsbindestrich ist ebenfalls eine Pflichtveranstaltung.
Er steht, wenn in zusammengesetzten oder abgeleiteten Wörtern
ein gemeinsamer Bestandteil eingespart wird.

> die Obst- und Gemüseernte; saft- und kraftlos; Geld- und an-
> dere Sorgen; ein- bis zweimal; 1- bis 2-mal

Liegt eine doppelte Einsparung vor, so werden zwei Bindestriche
gesetzt.

> der Warenein- und -ausgang; der Textilgroß- und -einzelhan-
> del, Sonnenauf- und -untergang

Das sind die einzelnen Regeln für den Gebrauch des Binde-
strichs. Bitte merken Sie sich auch das Grundsätzliche.

Merksatz

Der Bindestrich ist eine Lesehilfe. Er dient dazu, das Lesen leichter zu machen. Sobald er das Lesen schwieriger macht, ist er fehl am Platz.

Vierte Einheit: Sätze

Der Satz ist eine Gedankeneinheit. Das scheint nicht weiter bemerkenswert, ist es aber. Denn wenn man viele Gedanken in einen Satz packt, bricht er unter dem Gewicht zusammen. Einheit heißt eben nicht Vielheit. Wenn man einen Gedanken abreißen lässt, bleibt der Satz unvollständig. Einheit heißt Ganzheit. Ein guter Satz umfasst einen in sich abgeschlossenen Gedanken.

Damit Sie Ihre Sätze – und damit Ihre Texte – gestalten können, brauchen Sie Kenntnisse der Satzgrammatik. Die erlangen Sie in dieser Einheit. Es geht los mit den vier Satzgliedern: Prädikat, Subjekt, Objekt und Adverbial. Sie sind Funktionseinheiten im Satz. Als Teil eines Satzglieds lernen Sie das Attribut kennen. Das alles ist Ihr Baumaterial. Damit können Sie sehr unterschiedliche Sätze bauen. Lesen Sie, was einfache Sätze, Hauptsätze und Nebensätze ausmacht und wie Sie Sätze miteinander verbinden können. Sehen Sie sich dann noch die Stellungsfelder im Satz an. Am Ende, wenn Sie Ihren Satzbau beherrschen, sind Sie bereit für die Zeichensetzung. Die ist dann nur noch ein Klacks.

21 Das Prädikat

Das Prädikat ist die Satzaussage. Es sagt, was passiert. Es ist der Kern des Satzes; es bestimmt dessen Struktur. Das Prädikat besteht aus mindestens einem Verb in der Personalform. Trotzdem sind Verb und Prädikat zwei Paar Stiefel. Das Verb ist eine Wortart; das Prädikat ist ein Satzglied, das sich der Wortart Verb bedient.

Merksatz

Das Prädikat enthält die Aussage des Satzes und bestimmt seine Struktur.

Das Prädikat kann einteilig sein, aber auch mehrteilig. Die Mehrteiligkeit ergibt sich schon aus den zusammengesetzten Zeitformen und aus dem Passiv.

Wir *schreiben.*
Wir *haben geschrieben.*
Die Klausur *ist geschrieben worden.*
Die Klausur *wird geschrieben worden sein.*

Neben diesen Kombinationen aus Hilfsverb und Vollverb gibt es etliche weitere Verbverknüpfungen, die mehrteilige Prädikate hervorbringen. Zum Beispiel:

- **Modalverben + Infinitiv**: Wir *wollen* etwas *unternehmen*.
- **Verben, die sich ähnlich wie Modalverben verhalten**: Sie *scheinen zu schlafen*. Sie *pflegen sich* sonntags *auszuruhen*.
- ***bekommen, kriegen, gehören* + 2. Partizip**: Man *bekommt* nichts *geschenkt*. Aber man *kriegt* einiges *zugetragen*. Auch das *gehört gewürdigt*.

Das Reflexivpronomen – *sich ausruhen* unter dem zweiten Punkt – gehört ebenfalls mit zum Prädikat. Bei trennbaren Zusammensetzungen gehört der vom Verb losgelöste Verbzusatz mit dazu: *Simon stellt die Erwerbsloseninitiative vor.*
Bei mehrteiligen Prädikaten sollten Sie darauf achten, dass die Teile nicht zu weit auseinanderstehen. Dabei käme nämlich so etwas heraus:

> Im ersten Kapitel *stellt* Simon die Gründungsmitglieder der Erwerbsloseninitiative mit ihren beruflichen Qualifikationen, ihren Erwerbsbiographien, ihrem gewerkschaftlichen Hintergrund und ihren arbeitsmarktpolitischen und individuellen Zielen *vor*.

Hier muss der Leser eine lange Strecke von zwanzig Wörtern bewältigen, bis er von *stellt* zu *vor* gelangt. Diese beiden Prädikatteile bilden eine Klammer, die so genannte *Satzklammer*, und die ist durch den vielen Inhalt überspannt. Solche überspannten Satzklammern behindern das Verständnis. Deshalb sollte man sie vermeiden. Das geht leicht und elegant, indem man einen Teil des Inhaltes ausklammert:

> Im ersten Kapitel *stellt* Simon die Gründungsmitglieder der Erwerbsloseninitiative *vor*, und zwar mit ihren beruflichen Qualifikationen ...

Oder man öffnet die Klammer, indem man ein Prädikat setzt, das nur aus einem Teil besteht:

> Im ersten Kapitel *präsentiert* Simon die Gründungsmitglieder der Erwerbsloseninitiative mit ihren beruflichen Qualifikationen ...

Mehrteilige Prädikate können auch nicht verbale Bestandteile haben. Das ist immer dann der Fall, wenn das Verb inhaltlich so schwach ist, dass es für die Aussage nicht genug hergibt. Um eine Aussage zustande zu bringen, braucht man eine Ergänzung, die Inhalt beisteuert. Beide Teile zusammen – das inhaltlich schwache Verb und die bedeutungsstiftende Ergänzung – bilden dann das Prädikat. In den folgenden Sätzen sehen Sie, wie das funktioniert:

Ruth *ist* Studentin.
Sie *wird* Chormitglied.
Sie *bleibt* meine Mitbewohnerin.

Die Verben sind Kopulaverben: *sein, werden, bleiben.* Sie erfüllen   → Baustein 10
eine grammatische Funktion. Der Inhalt geht jeweils aus den folgenden Substantiven hervor. Diese stehen wie das Subjekt im Nominativ und sie sagen etwas über das Subjekt. Deshalb spricht man auch von einem *Gleichsetzungsnominativ* oder *prädikativen Nominativ.* Die Substantive in dieser Position erfüllen die Funktion eines *Prädikativs.*

Merksatz

Ein Prädikativ ist eine Ergänzung, die zusammen mit einem Kopulaverb das Prädikat ergibt.

Statt der Substantive können auch Adjektive die Aussage über das Subjekt vervollständigen: *Ruth ist klug. Sie wird ungeduldig. Sie bleibt neugierig.* Das sind dann *prädikative Adjektive.* Schließ-   → Baustein 9
lich können auch Nebensätze in die Funktion eines Prädikativs treten: *Ruth bleibt, was sie schon immer war.* Das wäre dann ein *Prädikativsatz.*
  Prädikate können also sehr unterschiedlich aussehen. Doch eins ist immer gleich: Sie sind der Dreh- und Angelpunkt des Satzes. Deshalb verdienen sie beim Schreiben besondere Aufmerksamkeit.

Übung

Bitte unterstreichen Sie in jedem Satz das Prädikat. Beachten Sie dabei, dass jeder Teilsatz sein eigenes Prädikat hat. In zusammengesetzten Sätzen werden Sie also mehrere Prädikate finden.

Tom will in den Ferien nach Frankreich gehen. Das hat er gestern Abend am Stammtisch erzählt. Nana sagt, sie könne den Auslandsfimmel nicht verstehen. Vor lauter Ausland übersehe manch einer, was es vor Ort alles gebe. Schlimmer noch: Manch einer, der vor Ort überhaupt nichts gebacken bekomme, schwärme vom Ausland wie vom Schlaraffenland. Dabei müsse doch auch dort ein jeder seine Brötchen selbst backen. Fest steht, dass heute fast dreißig Prozent der Studierenden ein Auslandssemester absolvieren. Die Arbeitgeber förderten diesen Trend, sagt Nana, indem sie jede Auslandserfahrung per se hochjubelten. Sie fragten gar nicht erst, wie denn die Erfahrung den Geist geprägt habe. Besser bedient wären sie, wenn sie mehr auf geistige Mobilität schauten. Irgendwo aus dem Flugzeug steigen könne schließlich jeder. Sich gedanklich frei bewegen könnten nur wenige. Wer engstirnig denke, könne zwar bis ans Ende der Welt reisen, doch im Gepäck habe er immer die eigene Engstirnigkeit. Tom sagt zu all dem, er werde in Frankreich seine Croissants kaufen.

22 Das Subjekt

Das Subjekt ist das direkte Gegenüber des Prädikats. Es steht im Nominativ und antwortet in Verbindung mit dem Prädikat auf die Frage *Wer oder was?* Das können Sie gerade einmal testen:

> Marie und ihre Freundin waren in Blackpool. – Wer war in Blackpool? – *Marie und ihre Freundin*
> Das hat ihnen gefallen. – Was hat ihnen gefallen? – *Das*
> Sie haben uns eine Postkarte geschrieben. – Wer hat uns eine Postkarte geschrieben? – *Sie*

Die deutsche Bezeichnung für das Subjekt ist *Satzgegenstand*. Lassen Sie sich dadurch nicht in die Irre führen. Das Subjekt ist lange nicht immer gegenständlich; und es ist auch nicht unbedingt Gegenstand des Satzes im Sinne von Thema. Nehmen Sie etwa den folgenden Satz:

Es regnet. Es hat sogar geschneit.

Thema der Sätze sind Regen und Schnee; Subjekt ist jeweils das Wörtchen *es*. Das wiederum ist inhaltlich nicht zu fassen; es kann nur grammatisch definiert werden. Es ist der formale Ansatzpunkt für das Prädikat.

Merksatz

Das Subjekt ist das Satzglied, auf das sich das Prädikat bezieht.

Wegen der engen Verbindung zwischen Subjekt und Prädikat müssen die beiden formal übereinstimmen. Zu einem Subjekt im Singular gehört ein Prädikat im Singular; zu einem Subjekt im Plural gehört ein Prädikat im Plural. Diese Übereinstimmung nennt man *Kongruenz*.

Meist besteht das Subjekt aus einem Substantiv mit Begleiter. Deshalb werden Subjekt und Substantiv so oft verwechselt. Bitte unterscheiden Sie: Das Substantiv ist eine Wortart, die im Satz unterschiedliche Funktionen übernehmen kann. Das Subjekt ist ein Satzglied, das im Satz auf eine bestimmte Funktion festgelegt ist. Das Subjekt kann sich der Wortart Substantiv bedienen, aber es kann auch andere Formen annehmen. Sehen Sie, was alles möglich ist:

- **ein Substantiv (mit Begleiter)**
  Das groß angekündigte Seminar ist bereits belegt. *Vierzig Leute* stehen auf der Warteliste. *Ruth* rangiert ganz unten.

- **ein Pronomen**
  Sie muss ihre Prüfung verschieben. *Das* kostet sie viel Geld und Geduld.

- **ein einfacher Infinitiv**
  Warten ist nichts für Ruth. Also ist *jobben* [auch möglich: *Jobben*] angesagt.

- **ein (erweiterter) Infinitiv mit *zu***
  Sich ein kleines Geldpolster anzulegen ist keine schlechte Idee. *Endlich fertig zu werden* wäre Ruth noch lieber.

- **ein Gliedsatz**
  Dass Ruth ihre Prüfung verschieben muss, tut mir leid. *Wer
  sie kennt,* weiß, wie sehr sie darauf brennt, ihr Studium ab-
  zuschließen.

Daneben gibt es Konstruktionen, in denen das Subjekt gar nicht
in Erscheinung tritt. Das ist der Fall

- **bei der 2. Person des Imperativs**
  Lies das mal. Hört zu.
  Hier ist das Subjekt (*du, ihr*) in der Verbalform enthalten.

- **bei unpersönlichen Wendungen im Passiv**
  *Während des Vortrags wurde viel gelacht. Danach wurde
  noch lange diskutiert.*
  Hier tritt das unpersönliche Subjekt *es* zutage, wenn man die
  Satzstellung ändert:
  *Es wurde viel gelacht während des Vortrags. Es wurde noch
  lange diskutiert danach.*

Der letzte Punkt führt gleich zur nächsten Frage, zur Stellungs-
frage. Bisher stand in sämtlichen Beispielsätzen das Subjekt
an der ersten Stelle. Das ist eine häufige Stellung, aber nicht
die einzige. Das Subjekt kann auch andere Positionen be-
setzen:

> *Ruth* macht nächstes Jahr ihre Prüfung.
> Nächstes Jahr macht *Ruth* ihre Prüfung.
> Ihre Prüfung macht *Ruth* nächstes Jahr.

Durch die vielen Möglichkeiten bei der Satzstellung kann man
Informationen unterschiedlich betonen und mit dieser Betonung
das Thema lenken.

Tipp

Denken Sie daran: Das Subjekt ist nicht immer ein Substantiv,
und es steht auch nicht immer am Anfang des Satzes. Es kann
in unterschiedlichen Formen und Positionen auftreten.

Bitte unterstreichen Sie die Subjekte.

Tom will Journalist werden. Andere Leute auszufragen ist seine große Leidenschaft. Das kann er auch sehr gut. Wer je mit ihm zu tun gehabt hat, wundert sich am Ende, wie viel er erzählt und wie wenig er erfahren hat. Mit seinem aufmerksamen Gesicht und seinen kleinen Zwischenfragen vermittelt Tom den Eindruck, er höre die spannendste Geschichte der Welt. Da erzählt man doch gerne. Tom schätzt die Vielfalt der Themen. Ihm reicht es, von allem etwas zu wissen. Ewig an einer Stelle zu bohren ist nicht sein Ding. Deshalb tut er sich auch mit dem wissenschaftlichen Arbeiten etwas schwer. Seine letzte Hausarbeit hat ihm den letzten Nerv geraubt. Das Thema hatte er sich allerdings auch nicht ausgesucht. Tom war über die Warteliste in das Seminar hereingerutscht und musste nehmen, was übrig war. Tom fällt das Lesen nicht leicht. Mit Romanen kann man ihn schier in die Flucht schlagen. Dazu fehle ihm die Zeit, sagt er. Wer ihn damit aufzieht, kriegt die Geschichte von Arnold Schwarzenegger zu hören. Der hat es auch nicht so mit dem vielen Lesen. Aber er hat Geld genug, sich einen Lesestab zu leisten. Wichtig ist, dass man in einem Bereich richtig gut ist; in allen anderen Bereichen reicht ein Überblick. Das hat Tom irgendwo gelesen.

---

23 | Das Objekt

Das Objekt ergänzt die Aussage des Prädikats und heißt deshalb auch *Satzergänzung*. Es kommt nicht in jedem Satz vor. Manche Sätze brauchen ein Objekt, um vollständig zu sein; andere können sowohl mit als auch ohne Objekt bestehen; wieder andere verbieten ein Objekt. Bitte vergleichen Sie:

> nur mit Objekt: *Nana betrachtet ein Bild.*
> mit oder ohne: *Sie liest (ein Buch).*
> nur ohne: *Sie niest.*

Ob ein Objekt vorhanden ist, kommt auf das Prädikat an. Sie wissen ja: Das Prädikat bestimmt.

Merksatz

Das Objekt ist eine Ergänzung, die vom Prädikat bestimmt wird.

Es gibt vier Arten von Objekten:
1. Akkusativobjekt
2. Dativobjekt
3. Genitivobjekt
4. Präpositionalobjekt

1. Das Akkusativobjekt

→ Baustein 6   Das Akkusativobjekt ist eine Ergänzung im Akkusativ. Es antwortet, wenn Sie fragen, wen oder was die Handlung betrifft: *Nana verpasst ihren Bus. – Wen oder was verpasst Nana? – ihren Bus.*
Formal kann das Akkusativobjekt sehr unterschiedlich ausfallen. Sehen Sie, was alles in Frage kommt:

* ein **Substantiv**: Ich habe *den Geburtstag* vergessen.
* ein **Pronomen**: Ich habe *ihn* vergessen.
* ein **Numerale**: Ich habe mir *drei* gemerkt.
* ein **Gliedsatz**: Ich habe vergessen, *dass Marie heute Geburtstag hat.*
* ein **(erweiterter) Infinitiv mit *zu***: Ich habe vergessen, *Marie anzurufen.*
* ein **einfacher Infinitiv**: Marie lernt *reiten.*

Das Akkusativobjekt hängt ab von einer besonderen Eigenschaft des Verbs, nämlich von der Fähigkeit, ein Akkusativobjekt zu binden. Verben, die ein Akkusativobjekt bei sich haben, nennt man *transitive* oder (auf ein Objekt) *zielende Verben*. Verben, die kein Akkusativobjekt fordern, nennt man *intransitive* oder *nicht zielende Verben*.

→ Baustein 16   Noch ein letzter Hinweis: Mit dem Akkusativobjekt haben Sie eine weitere Handhabe, *dass*-Sätze zu bestimmen. Nach einem Auftakt wie *ich weiß, ich vermute, ich glaube, ich hoffe, ich sage* ist der *dass*-Satz immer Akkusativobjekt. In dieser Position ist er *Objektsatz*.

2. Das Dativobjekt

Das Dativobjekt antwortet auf die Frage *Wem?* Es kann die folgenden Formen annehmen:

- **Substantiv**: Ich folge *der Anleitung.*
- **Pronomen**: Ich folge *ihr.*
- **Numerale**: Ich folge *den drei[en].*
- **Relativsatz**: Ich folge, *wem ich will.*

Oft tritt das Dativobjekt zusammen mit einem Akkusativobjekt auf:

> Ich glaube *dir* die Geschichte. Ich gebe *dir* mein Wort, dass ich sie *niemandem* weitererzähle.

3. Das Genitivobjekt

Das Genitivobjekt antwortet auf die Frage *Wessen?* Es kommt viel seltener vor als das Akkusativobjekt und das Dativobjekt. Wenn es vorkommt, dann meist in Form eines Substantivs oder Pronomens:

> Das Projekt bedarf *der Genehmigung.*
> Wir haben uns *dieser Pflicht* entledigt.
> Kannst du dich *seiner* annehmen?
> Wir wollen *ihrer* gedenken.

Das Genitivobjekt markiert oft eine gehobene Ausdrucksweise. Allerdings kommt es auch in gängigen Wendungen vor. So benutzen Sie etwa ein Genitivobjekt, wenn Sie sich *der Stimme enthalten* oder *eines Besseren besinnen.*

4. Das Präpositionalobjekt

Das Präpositionalobjekt ist eine Satzergänzung, die nur über die Präposition erfragt werden kann. Die Präposition wiederum wird durch das Prädikat vorgegeben. Bitte beachten Sie, dass nicht jede Fügung mit Präposition ein Präpositionalobjekt ist. Den Unterschied erkennen Sie am besten im Vergleich:

> Ich bewerbe mich *um ein Stipendium.*
> Ich gehe *um den Block.*

Im ersten Satz liegt ein Präpositionalobjekt vor, denn die Präposition *um* ist ein notwendiger Anschluss nach *bewerben.* Im zweiten Satz dagegen ist das *um* frei gewählt. Schließlich könnte ich auch *in die Mensa* gehen, *zu der Veranstaltung* oder *auf einen Ball.* Das *um* ist nicht an das Verb *gehen* gebunden, sondern gehört mit zur Ortsbestimmung.

Merksatz
Beim Präpositionalobjekt ist die Präposition festgelegt durch das Prädikat.

Präpositionalobjekte bestehen meistens aus einer Wortgruppe mit Präposition oder aber aus einem *Pronominaladverb* (Umstandsfürwort):

- **Wortgruppe mit Präposition**: Nana denkt *an den Termin.* Sie denkt *an ihn.*
- **Pronominalladverb**: Sie denkt *daran.* Sie freut sich *darauf.* Sie prahlt *damit.*

Die Pronominaladverbien *daran, darauf, damit* stehen jeweils stellvertretend für die Fügung aus Präposition und Pronomen: *an ihn, auf ihn, mit ihm.* Daher rührt die Bezeichnung *Pronominaladverb.*

Pronominaladverbien werden gebildet aus den Adverbien *da, hier* und *wo* plus Präposition: *dabei, davon, hieraus, hiermit, worüber, wozu.* Wegen dieser Bildungsweise nennt man sie auch *Präpositionaladverbien.*

Übung

Bitte unterstreichen Sie die Objekte und geben Sie an, um was für ein Objekt es sich handelt: um ein Akkusativobjekt, ein Dativobjekt, ein Genitivobjekt oder ein Präpositionalobjekt.

Gestern in der Mensa hat sich Nana mit Marco gestritten. Marco sagte, dass ihm das Bio-Essen zu teuer sei. Diesen Luxus könne er nicht bezahlen. Auch wenn er selbst Lebensmittel einkaufe, müsse er immer das Billigste nehmen. Mehr gebe sein Budget nicht her. Darauf sagte Nana, immerhin habe er fünfhundert Euro fürs Sportstudio gehabt. Das sei doch etwas anderes, fand Marco. Das müsse er sich nicht vorhalten lassen. Nana solle sich lieber um ihre eigenen Angelegenheiten kümmern. Im Übrigen sei das Sportstudio eine Investition, mit der er seine Gesundheit fördere und der Solidargemeinschaft Kosten erspare. Bewegung schaffe einen gesunden Körper und – davon könne auch Nana profitieren – einen gesunden Geist. Genau darum sollte auch ein Huhn Bewegung haben, meinte Nana. Marco wurde rot im Gesicht. Es sei ja wohl billig, Menschen mit Hühnern zu vergleichen. „Du hast Recht, Marco", lenkte Nana ein. „Du zum Beispiel hast überhaupt nichts von einem Huhn. Du bist ein alter Gockel."

24 Das Adverbial

Adverbiale bestimmen die näheren Umstände eines Geschehens. Deshalb nennt man sie auch *Umstandsbestimmungen*. Unter den Adverbialen gibt es solche, die notwendig sind, um eine Aussage zu vervollständigen, und solche, die lediglich etwas Zusätzliches beisteuern. Der Unterschied ist leicht zu erkennen:

In manchen Grammatiken heißt es auch *das Adverbiale* (mit *e*), *die Adverbialien.*

> Nana wohnt *in Mainz.*
> Nana studiert *in Mainz.*

Sobald es ums Wohnen geht, will man wissen, wo. Das Verb verlangt eine ergänzende Information. So spricht man denn auch von einer *adverbialen Ergänzung* (oder *Umstandsergänzung*). Im zweiten Satz ist die Ortsangabe bloß ein Zusatz; man könnte nach *studiert* auch einen Punkt machen. Hier ist das Adverbial eine *adverbiale Angabe* (oder *freie Umstandsangabe*).

Inhaltlich kann man Adverbiale in vier Gruppen einteilen. Die kennen Sie bereits von den Adverbien her. Trotzdem darf man Adverbien und Adverbiale nicht miteinander verwechseln: Das Adverb ist eine Wortart, die im Satz als Adverbial auftreten kann. Das Adverbial ist ein Satzglied, das sich der Wortart Adverb bedienen kann. Die vier inhaltlichen Gruppen sind:

Baustein 11

* **Lokaladverbiale** (Angaben zu Ort und Richtung)
  Fragen: *wo?, wohin?, woher? wie weit?*
  Marie wohnt *in Mainz. Hier* gefällt es ihr.

* **Temporaladverbiale** (Angaben der Zeit)
  Fragen: *wann? seit wann? bis wann? wie lange?*
  Seit dem Examen jobbt Marie in einer Sprachenschule. Sie unterrichtet *nachmittags und abends.*

* **Modaladverbiale** (Angaben der Art und Weise)
  Fragen: *wie? wie sehr? wie viel? mit wem? ohne wen? wodurch? woraus?*
  Am liebsten macht Marie das Alltagstraining. *Schritt für Schritt* werden die Kunden mit den kleinen Dingen vertraut gemacht.

* **Kausaladverbiale** (Angaben des Grundes)
  Fragen: *warum? weshalb?*
  Deshalb geht Marie auch mit den Neuankömmlingen einkaufen.

Zu den Angaben des Grundes im weiteren Sinne zählt man auch die folgenden Inhalte, die Sie bereits von den Konjunktionen her kennen:

→ Baustein 14

- **Konditionaladverbiale** (Angaben der Bedingung)
  Frage: *unter welcher Bedingung?*
  Wenn die Neuankömmlinge einkaufen gehen, lernen sie unseren Umgangston kennen.

- **Finaladverbiale** (Angaben des Zweckes)
  Frage: *zu welchem Zweck?*
  Marie muss viel vormachen und erklären, *damit es keine Missverständnisse gibt.*

- **Konzessivadverbiale** (Angaben des unwirksamen Gegengrundes)
  Frage: *trotz welchen Umstandes?*
  Trotz des Kulturschocks am Anfang fühlen die meisten sich sehr wohl.

- **Konsekutivadverbiale** (Angaben der Folge)
  Frage: *mit welcher Folge?*
  Marie macht diese Arbeit so viel Spaß, *dass sie über ein eigenes kleines Unternehmen nachdenkt.*

Die Beispiele lassen abgesehen von der inhaltlichen Ordnung auch etwas anderes erkennen: die Formenvielfalt. Adverbiale können auftreten als:

- **Adverb**
  Marie macht die Arbeit *gerne.*

- **ungebeugtes Adjektiv**
  Sie betreut die Kunden *gut.*

- **Präpositionalgefüge**
  Sie vermittelt Sprache und Kultur *mit viel Geduld.*

- **Substantiv im Genitiv**
  Sie geht *guten Mutes* davon aus, dass sie diese Art von Kulturarbeit in eigener Regie machen kann.

- **Substantiv im Akkusativ**
  Sie hat *nächsten Montag* einen Termin mit einem Verein, der Frauen auf dem Weg in die Selbstständigkeit begleitet.

- **Substantiv mit *als* oder *wie***
  Sie übt schon, *als Geschäftsfrau* aufzutreten.

- **erweiterter Infinitiv mit *zu***
  Sie war auch bei der Arbeitsagentur, *um sich über Selbstständigkeit zu informieren.*

- **(erweitertes) Partizip**
  Erfreut (über die vielen Möglichkeiten) kam sie zurück.

- **Gliedsatz**
  Zunächst muss sie noch jobben, *weil sie das Geld und die Erfahrung braucht.*

Einen Gliedsatz in der Rolle eines Adverbials nennt man *Adverbialsatz.*

Übung

Bitte markieren Sie die Adverbiale.

Mr Lane kommt aus Philadelphia. Er arbeitet seit zehn Jahren für sein Unternehmen. Bei seinem Einsatz in Deutschland soll er das Diversity Management vorantreiben. In den USA wird dieses Konzept schon seit Langem gepflegt. Es soll Rahmenbedingungen schaffen, in denen Minderheiten sich gewinnbringend verwirklichen können. Das tut das Unternehmen nicht aus Wohltätigkeit; es ist eine Marketingstrategie. Schwule sollen schwul sein, damit ihr Konsumverhalten erschlossen werden kann. Mitarbeiter ausländischer Herkunft sollen ihre Kultur pflegen, damit diese Kultur im Verkauf angesprochen werden kann. So versucht ein Autobauer am eigenen Fließband herauszufinden, warum junge Türken die Autos einer anderen Marke bevorzugen. Reine Frauenteams überlegen, was Frauen wirklich wollen. Das alles hat Mr Lane Marie in bestem Deutsch erzählt. Marie vermutet, dass er auch sie beobachtet für seine Zielgruppenanalysen.

25 Das Attribut

Das Attribut gehört nicht mehr auf die Ebene der Satzglieder; es ist *Teil* eines Satzglieds. Es fügt einem Satzglied zusätzliche Information bei und wird deshalb auch *Beifügung* genannt. Meist denkt man dabei an ein Adjektiv, das ein Substantiv beschreibt: *das neue Buch, die alte Geschichte*. Dabei kann sich das Attribut auch auf andere Wortarten beziehen. Sehen Sie, was alles geht:

- **Substantiv** (unterstrichen) mit Attribut (kursiv)
  die *zufriedenen* Mitarbeiter, die Mitarbeiter *aller Altersgruppen*

- **Pronomen** (unterstrichen) mit Attribut
  wir *Mitarbeiter*, jeder *von uns*

- **Adjektiv** (unterstrichen) mit Attribut
  die *mit ihrem Arbeitsplatz* zufriedenen Mitarbeiter; *überdurchschnittlich* gute Leistungen

- **Adverb** (unterstrichen) mit Attribut
  sehr oft, rechts *vom Haupteingang*

Merksatz

Attribute sind Beifügungen zu Substantiven, Pronomen, Adjektiven oder Adverbien. Sie dienen der genaueren Bestimmung und Beschreibung des Bezugswortes.

Die Beispiele haben bereits einen Eindruck von der Formenvielfalt vermittelt. Attribute können auftreten als

- **Adjektiv, Partizip, Pronomen, Zahlwort**
  Marie schätzt die *amerikanischen* Kunden. In der *kommenden* Woche wird sie ein Intensiv-Coaching übernehmen. *Ihre* Nachmittagsveranstaltungen musste sie deshalb verschieben. Die holt sie in *drei* Wochen nach.

- **Substantiv im Genitiv**
  Marie erkundigt sich nach dem Hintergrund *ihrer Kunden*.

- **Substantiv mit Präposition**
  Das Zentrum *für kulturelle Integration* macht ein gutes Geschäft.

- **Substantiv im gleichen Kasus wie das Bezugssubstantiv**
Mr Lane, *der Amerikaner*, bleibt mindestens ein Jahr lang in Deutschland.

- **Adverb**
In der Stunde *gestern* hat Marie mit Mr Lane Zeitung gelesen.

- **(erweiterter) Infinitiv mit *zu***
Mr Lane beherrscht die Kunst, *auch zwischen den Zeilen zu lesen.*

- **Attributsatz**
Die Ansicht, *dass mit Amerikanern nichts anzufangen sei,* kann Marie nicht teilen.

Zu zwei Punkten ist noch etwas zu ergänzen. Erstens: Ein substantivisches Attribut, das im gleichen Fall steht wie sein Bezugswort, nennt man *Apposition* oder *Beisatz*: *Mr Lane, der Amerikaner, kommt am Montag, dem 5. Mai.*

Zweitens: Ein Nebensatz in der Rolle eines Attributs ist ein *Attributsatz*; Attributsätze sind *Gliedteilsätze*. Nebensätze in der Rolle eines Subjekts, eines Objekts oder eines Adverbials sind *Gliedsätze*.

Da Attribute in manchen Formen wie Satzglieder aussehen, muss man zur Unterscheidung zuweilen zweimal hinschauen. Es gibt zwei Tests, mit denen man sich helfen kann. Das eine ist die Verschiebeprobe, das andere die Ersatzprobe. Nur was als Ganzes verschoben oder ersetzt werden kann, ist ein Satzglied. Nehmen Sie den folgenden Beispielsatz:

Der Amerikaner Anthony Lane / liest / jeden Tag / drei Zeitungen.

Die Stellung ist Subjekt / Prädikat / Umstandsbestimmung / Objekt. Diese Stellung kann man beliebig verändern. Nur das Prädikat muss als Satzachse an der zweiten Stelle bleiben.

Jeden Tag / liest / der Amerikaner Anthony Lane / drei Zeitungen.

Drei Zeitungen / liest / der Amerikaner Anthony Lane / jeden Tag.

Was verschoben wurde, sind jeweils komplette Satzglieder. Mit Satzgliedteilen geht das nicht. Dabei würde nur Durcheinander herauskommen:

*Drei liest Tageszeitungen der Amerikaner jeden Anthony Lane Tag.

Bei der Ersatzprobe wird ein Satzglied als Ganzes ersetzt:

Drei Zeitungen / liest / der Amerikaner Anthony Lane / jeden Tag.

Sie / liest / er / täglich.

Durch den Ersatz sind die Satzgliedteile mit abgedeckt.

Merksatz

Attribute lassen sich nur zusammen mit ihrem Bezugswort verschieben.

→ Baustein 16

Das Ganze können Sie auch noch an *dass*-Sätzen testen. Die kann man gar nicht oft genug üben. Fangen Sie mit dem hier an:

Mr Lane / glaubt, / dass man aus allem etwas herausholen kann.

Die Stellung ist Subjekt / Prädikat / Objekt. *Was glaubt Mr Lane?* Der *dass*-Satz antwortet als Akkusativobjekt. Er kann als Ganzes ersetzt werden: *Mr Lane / glaubt / das.* Und er kann verschoben werden:

Dass man aus allem etwas herausholen kann, / glaubt / Mr Lane.

Nun vergleichen Sie den Ausgangssatz bitte mit dem folgenden:

Mr Lane / vertritt / die Ansicht, dass man aus allem etwas herausholen kann.

Stellung ist wieder Subjekt / Prädikat / Akkusativobjekt. *Was vertritt Mr Lane?* Diesmal antwortet nicht der *dass*-Satz allein, sondern das Substantiv mit dem beigefügten *dass*-Satz. Der *dass*-Satz kann nur mit dem Substantiv zusammen verschoben werden.

Die Ansicht, dass man aus allem etwas herausholen kann, / vertritt / Mr Lane.

Mit dieser Unterscheidung können Sie *dass*-Sätze noch besser durchschauen.

Sie wissen nun, wie Attribute grammatisch funktionieren. Beim Schreiben sollten Sie auch an die Wirkung denken. Wenn Attribute zu schwer sind, erdrücken sie das Bezugswort. *Dies ist ein Sie zu einem sorgfältigen Umgang mit Attributen ermahnender Hinweis.* (Das tut weh!)

Übung

Bitte unterstreichen Sie die Attribute.

Marie, die vor dem Examen keine konkreten Pläne hatte, hat jetzt die Absicht, sich selbstständig zu machen. Die Freiheit, sich ihre Zeit selbst einzuteilen, ist ihr wichtig. Die Gefahr, dass sie sich gehen lässt, besteht bei ihr nicht. Marie ist ein Arbeitstier, wie es im Buche steht. Allerdings fehlt ihr noch das kaufmännische Wissen, das man für die Selbstständigkeit braucht. Doch da gibt es verschiedene Stellen, die behilflich sein können. Marie schätzt, dass sie noch zwei Jahre braucht. In der Zeit will sie weiter in der Sprachenschule jobben, die sich „Zentrum für Integration" nennt. Dort kann sie lernen, auch mit schwierigen Kunden umzugehen. Kunden wie Mr Lane sind die Ausnahme. Außerdem will Marie die Zeit nutzen, um sich betriebswirtschaftliche Kenntnisse anzueignen, ein tragfähiges Netzwerk aufzubauen und über einen flotten Namen nachzudenken.

---

26 Einfacher Satz, Hauptsatz und Nebensatz

Einfacher Satz, Hauptsatz und Nebensatz sind Begriffe, die ständig auftauchen: in der Grammatik, bei der Zeichensetzung und auch, wenn es um den Stil geht. Dennoch herrscht einige Unsicherheit darüber, was sie denn genau bezeichnen. Hier können Sie sich Sicherheit verschaffen.

Einfacher Satz

Ein einfacher Satz ist ein Satz mit *einem* Prädikat. Das Prädikat bestimmt, welche weiteren Satzglieder vorkommen können oder auch müssen. Bitte vergleichen Sie:

Subjekt	Prädikat	Dativobjekt	Akkusativ-objekt
Ich	lache		
Ich	gratuliere	ihm.	
Ich	beglück-wünsche		ihn.
Ich	reiche	ihm	ein Geschenk

Das Verb *lachen* kommt ohne Ergänzung aus. *Gratulieren* ruft ein Dativobjekt hervor, *beglückwünschen* ein Akkusativobjekt, *reichen* beides.

Ein einfacher Satz ist nicht notwendigerweise ein kurzer Satz, denn die Einschränkung gilt allein für das Grundgerüst aus Prädikat und Subjekt. Das kann immer noch mit einigem Gewicht beladen sein.

Neben einfachen Sätzen benutzt man auch komplexe Konstruktionen: *zusammengesetzte Sätze*. Die bestehen aus mehreren Teilsätzen, und jeder Teilsatz hat sein eigenes Prädikat. Die Teilsätze können Hauptsätze oder Nebensätze sein.

Hauptsatz

Der Hauptsatz ist ein Satz, der keinem anderen Satz untergeordnet ist. Er kann als einfacher Satz für sich allein stehen, und er kann Teilsatz in einem zusammengesetzten Satz sein.

Hauptsatz als einfacher Satz: *Sabine schreibt über Frauen im Tierschutz.*

Hauptsatz im zusammengesetzten Satz: *Sabine schreibt über Frauen im Tierschutz* [HS]*, weil das Thema sie interessiert.*

Nebensatz

Der Nebensatz ist ein Teilsatz, der einem anderen Teilsatz untergeordnet ist. Demnach kann ein Nebensatz nicht für sich allein stehen. Er ist entweder vom Hauptsatz abhängig oder von einem anderen Nebensatz. Ein vom Hauptsatz abhängiger Nebensatz ist ein *Nebensatz 1. Grades*; ein vom Nebensatz 1. Grades abhängiger Nebensatz ist ein *Nebensatz 2. Grades*; davon abhängig ist ein *Nebensatz 3. Grades*. Diese Ordnung können Sie theoretisch um viele Grade weiterführen. Sehen Sie sich einen kleinen Anfang an:

Sabine schreibt über Frauen im Tierschutz [HS], weil das Thema sie interessiert [NS1], seit sie einen Artikel im *New Yorker*
gelesen hat [NS2], der Frauen vorstellt [NS3], deren Tierliebe
zu einer Massenbewegung geführt hat [NS4].

Sie merken es selbst: Der Satz liest sich nicht gut. Er enthält zu
viele Nebensätze.

Tipp

Entfernen Sie sich mit Ihren Nebensätzen nicht zu weit vom
Hauptsatz.

Nebensätze sind von der Form her sehr unterschiedlich. Zwei
Muster haben Sie bereits kennen gelernt: Relativsätze und *dass*-
Sätze. Was Ihnen jetzt noch fehlt, ist ein Überblick über alle
gängigen Muster. Das sind die folgenden:

→ Bausteine 8
und 16

* **Nebensätze mit einleitendem Relativpronomen**
  Das Buch, *das ich zuletzt gelesen habe*, hat mir nicht gefallen.

* **Nebensätze mit einleitender Konjunktion**
  Es hat mich gestört, *dass die Übersetzung so stümperhaft ist.*
  Obwohl mir das schon auf der ersten Seite aufgefallen ist, habe
  ich mich bis zum Ende durchgekämpft.

* **Nebensätze mit einleitendem Fragepronomen oder Fra-
  geadverb**
  Ich weiß nicht mehr, *wer mir das Buch empfohlen hat.* Gott
  sei Dank weiß ich auch nicht mehr, *wann ich zuletzt so etwas
  Schlechtes gelesen habe.*

* **Teilsätze ohne einleitende Konjunktion und mit finitem
  Verb in Spitzenstellung**
  Wären nicht so viele Fehler im Text, dann könnte man sich
  besser auf die Geschichte konzentrieren.

* **Teilsätze ohne einleitende Konjunktion und mit finitem
  Verb in Zweitstellung (etwa bei angeführter Rede)**
  Ich denke, *die Geschichte hat Potenzial.* Sabine meint, *sie
  müsse nur neu übersetzt werden.*

Hauptsätze und Nebensätze zu erkennen ist aus zwei Gründen wichtig. Erstens hilft Ihnen der Blick für Haupt- und Nebensätze, Informationen gezielt zu verteilen: Hauptsachen gehören in Hauptsätze, Nebensachen in Nebensätze. Zweitens macht er Ihnen die Zeichensetzung leichter. Denn jeder Nebensatz ist unweigerlich mit einem Komma verbunden.

Merksatz

Ein einfacher Satz ist ein Satz mit einem Prädikat. Ein Hauptsatz ist ein Satz, der keinem anderen Satz untergeordnet ist. Er kann ein einfacher Satz sein, aber auch ein Teilsatz. Ein Nebensatz ist ein Teilsatz, der einem anderen Satz untergeordnet ist.

27 Satzreihe, Satzgefüge, zusammengezogener Satz

Es gibt verschiedene Möglichkeiten, Teilsätze miteinander zu verbinden. Sie können Satzreihen bilden, Satzgefüge oder zusammengezogene Sätze.

Satzreihe

Eine Satzreihe ist eine Verbindung aus mindestens zwei Hauptsätzen. Jeder dieser Hauptsätze könnte auch für sich allein stehen.

> Bald gibt es Ferien [,] und Nana besucht ihre Freundin in Hamburg. Sie sucht eine Mitfahrgelegenheit [,] oder sie fährt mit dem Zug.

Das Komma zwischen den beiden Hauptsätzen kann man setzen, um die Gliederung des Ganzen zu verdeutlichen. Man muss es aber nicht setzen.

Die Hauptsätze stehen meistens hintereinander; sie können jedoch auch ineinandergeschoben werden:

> In den Ferien wird Nana – das hat sie jedenfalls erzählt – ihre Freundin in Hamburg besuchen.

Der eingeschobene Teilsatz ist durch die Gedankenstriche deutlich herausgestellt; Kommas wären auch möglich, aber nicht so deutlich.

Die Nebenordnung gleichrangiger Sätze nennt man auch *Parataxe*; die Satzreihe hat eine *parataktische* Struktur.

Merksatz

In der Satzreihe sind mindestens zwei Hauptsätze aneinandergereiht.

Satzgefüge

Ein Satzgefüge ist ein zusammengesetzter Satz, in dem mindestens ein Teilsatz einem anderen Teilsatz untergeordnet ist. Die untergeordneten und grammatisch abhängigen Teilsätze sind Nebensätze. Ein Satzgefüge enthält also mindestens einen Nebensatz.

> Wenn es Ferien gibt [NS], besucht Nana ihre Freundin [HS]. Sie fährt mit dem Zug [HS], da sie keine Mitfahrgelegenheit gefunden hat [NS].

Das Komma zwischen den beiden Teilsätzen muss stehen, da sie nicht auf einer Ebene liegen. Jeder Wechsel der Satzebene wird durch ein Komma markiert.
Satzgefüge sind nicht immer leicht zu durchschauen. Schließlich erwartet man als Hauptsatz einen Teilsatz, der allein stehen kann. Und das sieht nicht immer so aus. Etwa in diesem Satz:

> ~~Wenn es Ferien gibt~~, besucht Nana ihre Freundin.

Der Hauptsatz – *besucht Nana ihre Freundin* – könnte so, wie er ist, nicht allein stehen. Das liegt an der Stellung des Prädikats *besucht*; im Aussagesatz gehört es an die zweite Stelle. Mit dem Nebensatz ist diese Bedingung erfüllt: Er besetzt als Adverbial die erste Stelle. Dadurch steht *besucht*, so wie es sein soll, an der zweiten Stelle. Die Stellung ist: **A**dverbial / **P**rädikat / **S**ubjekt / **O**bjekt. Wenn nun das Adverbial entfällt, muss die erste Stelle anderweitig besetzt werden, damit das Prädikat wieder an die zweite Stelle kommt. Möglich wären die Stellungen:

> S / P / O: Nana / besucht / ihre Freundin.
> O / P / S: Ihre Freundin / besucht / Nana.

Der Hauptsatz in der Endposition eines Satzgefüges bedarf also lediglich einer Neubesetzung der ersten Stelle, wenn er allein stehen soll. Hauptsatz ist er so oder so.

Satzgefüge können selbstverständlich auch mehr als zwei Teilsätze enthalten, und es muss nicht unbedingt einer nach dem anderen stehen. Man kann die Teilsätze auch ineinander verschränken. Zum Beispiel so:

Die Freundin, die Nana vor Jahren, als sie mit einer Jugendgruppe in Holland war, kennen gelernt hat, studiert Mathematik in Hamburg.

Dieser Satz hat die folgende Struktur:

HS: Die Freundin ⎯ studiert Mathematik in Hamburg.

NS1: die Nana vor Jahren ⎯ kennen gelernt hat

NS2: als sie mit einer Jugendgruppe in Holland war

Wenn Sie zu viele Teilsätze ineinander verschränken, bekommen Sie einen *Schachtelsatz*. Schachtelsätze haben folgendes Manko: *Sie kommen, weil kein Gedanke, der eröffnet wird, in einem Zug zu Ende geführt wird, beim Lesen nicht gut an.* (Grauenvoll! Machen Sie so etwas lieber nicht.)

Die Unterordnung von Sätzen nennt man auch *Hypotaxe*; ein Satzgefüge hat eine *hypotaktische* Struktur.

Merksatz

Ein Satzgefüge besteht aus einem Hauptsatz und mindestens einem Nebensatz.

Zusammengezogener Satz

Ein zusammengezogener Satz ist eine Aneinanderreihung gleichrangiger Teilsätze, bei der gemeinsame Redeteile eingespart werden. Zum Beispiel:

Nana besucht ihre Freundin und schreibt eine Hausarbeit.

Auf den ersten Blick sieht das aus wie ein einfacher Satz mit zwei Prädikaten. Das ist es aber nicht. Denn ein einfacher Satz *kann* ja nur ein Prädikat haben. Bei genauem Hinsehen erkennt man die Struktur:

> Nana besucht ihre Freundin und [Nana] schreibt eine Hausarbeit.

Beide Teilsätze haben *Nana* als Subjekt. Ausgeschrieben wird es nur beim ersten Vorkommen. Damit spart man sich eine Wiederholung.
Einsparungen dieser Art kann man auch bei Nebensätzen vornehmen:

> Ich habe gehört, dass Nana eine Hausarbeit schreibt und [dass Nana] ihre Freundin besucht. Die Freundin, die Mathematik studiert und [die] gerade ihre Abschlussarbeit abgegeben hat, möchte für eine Bank arbeiten.

Merksatz

Ein zusammengezogener Satz enthält gleichrangige Teilsätze, deren gemeinsame Bestandteile nur einmal genannt werden.

Übung

Bitte bestimmen Sie die Hauptsätze.

Erinnerst du dich an die große Dunkelhaarige, in die Tom mal so verschossen war? Soweit ich weiß, ist nie etwas daraus geworden. Und jetzt kann gar nichts daraus werden, denn Anna – so heißt sie – ist in Blagoweschtschensk. Da landest du, wenn du von Moskau aus eine Sechs-Tage-Reise nach Osten unternimmst. Anna hatte sich schon vor dem Examen bei einer Stiftung beworben, die Lektoratsplätze in Russland vergibt. Dabei wird sie an Petersburg oder Moskau gedacht haben, und das kann man ihr kaum verübeln. Als sie beim Vorstellungsgespräch gefragt wurde, ob denn auch Blagoweschtschensk in Frage käme, war sie erst einmal schockiert. Der Schock dauerte drei Atemzüge lang, dann sagte sie Ja. Seit September ist sie dort, und es gefällt ihr gut. Die zwölf Semesterwochenstunden, die sie hält, darf sie frei gestalten. Neben dem Unterricht, den sie sehr gut vorbereitet, betreut sie eine Theatergruppe und einen deutschen Filmclub. Da sie von der Stiftung her auch zur Durchführung von Projekten, die der Völkerverständigung dienen, verpflichtet ist, hat sie zusammen mit zwei russischen Kolleginnen eine deutsch-russische Kulturwoche organisiert. Bis Ende des Sommersemesters bleibt sie noch da. Da könnte Tom doch glatt mal seine Glut beweisen, indem er nach Sibirien fährt.

28　Der satzwertige Infinitiv

Der satzwertige Infinitiv hat die Wertigkeit eines Nebensatzes, deshalb nennt man ihn auch *Infinitivsatz*. Er ist aber kein vollständiger Nebensatz, denn es fehlt ihm das Subjekt. Diese Besonderheit bringt viele Fehler hervor. Das ist der Grund, warum der satzwertige Infinitiv hier eine Extrabehandlung bekommt.

→ Baustein 10　Der Reihe nach: Der Infinitiv ist die Grundform des Verbs. Er tritt zum Beispiel zusammen mit Modalverben auf:

Ich möchte *mitmachen*.

In anderen Kombinationen dagegen wird ein Infinitiv mit *zu* verlangt:

Ich habe beschlossen *mitzumachen*.

Der wiederum kann beliebig erweitert werden:

Ich habe beschlossen, *bei dem Projekt mitzumachen*.

Dieser erweiterte Infinitiv mit *zu* ist aus dem übergeordneten Satz herausgelöst und hat seinen eigenen Verbalbereich: *bei dem Projekt mitmachen*. Darin gleicht er einem Nebensatz. Man könnte ihn auch in einen Nebensatz umformen:

Ich habe beschlossen, *dass ich bei dem Projekt mitmache*.

Das sind die Gemeinsamkeiten mit dem Nebensatz; der große Unterschied besteht darin, dass der satzwertige Infinitiv kein eigenes Subjekt hat. Er kann ja gar keins haben, da sein Prädikat im Infinitiv – also nicht in einer Personalform – steht. Da er formal ohne Subjekt auskommen muss, holt er sich zumindest inhaltlich sein Subjekt im übergeordneten Satz. Meistens bezieht er sich auf dessen Subjekt: *Ich* [S] *habe beschlossen, bei dem Projekt mitzumachen*. Er kann sich auch auf ein Objekt beziehen: *Ich bat meine Freundin* [O]*, bei dem Projekt mitzumachen*. Auf jeden Fall muss der Bezug klar und eindeutig sein. Und genau da liegt die Fehlerquelle. Bitte schauen Sie sich die folgenden Sätze an:

Seit Jahren wird am Bildungssystem herumgedoktert, *statt es von Grund auf zu reformieren*. Bildungsmängel werden den Schülern angelastet, *ohne die Rahmenbedingungen in den*

Schulen zu berücksichtigen. Es muss wohl noch zu einer regelrechten Bildungsnot kommen, *um das System neu zu strukturieren.*

Alle drei satzwertigen Infinitive hängen in der Luft. Denn in den übergeordneten Sätzen ist kein Glied vorhanden, das als Subjekt herhalten könnte. Deshalb sind die Sätze falsch. Derartige Fehler kann man auf zweierlei Weise berichtigen: Entweder gibt man dem Infinitiv ein Bezugswort, oder man wandelt ihn um in einen Nebensatz. Das geht so:

> Seit Jahren doktert die Politik am Bildungssystem herum, *statt es von Grund auf zu reformieren.* Bildungsmängel lastet sie den Schülern an, *ohne die Rahmenbedingungen in den Schulen zu berücksichtigen.* Es muss wohl noch zu einer regelrechten Bildungsnot kommen, *bevor das System neu strukturiert wird.*

In den ersten beiden Sätzen steht jetzt *die Politik* beziehungsweise *sie* als Bezugswort; im dritten Satz steht statt des satzwertigen Infinitivs ein Nebensatz. Damit sind die Sätze in Ordnung.

Merksatz

Der satzwertige Infinitiv hat einen eigenen Verbalbereich, aber kein eigenes Subjekt. Er bezieht sich auf ein Glied im übergeordneten Satz, das man sich als Subjekt hinzudenken kann.

Übung

Die folgenden Sätze sind falsch. Bitte bringen Sie sie in Ordnung. Dabei haben Sie freie Hand.

Die Situation auf dem Ausbildungsmarkt führt zu einem Run auf die Hochschulen, um der Arbeitslosigkeit zu entkommen. Lieber wird irgendetwas studiert, anstatt eine sinnvolle Zwischenlösung zu suchen. Doch ist ein Studium schwer durchzustehen, nur um nicht arbeitslos zu sein. Wie soll Motivation aufkommen, ohne ein Ziel vor Augen zu haben? Die Ziellosigkeit wird immer wieder beklagt, ohne Perspektiven aufzuzeigen. So werden die Probleme der Arbeitsmarktpolitik auf die Bildungspolitik abgewälzt, anstatt sie anzugehen, wo sie anfallen.

29 Satzarten und Satzformen

Mit Satzarten sollten Sie sich auskennen, damit Sie Ihren Äußerungen den richtigen Status zuweisen. Die Satzformen sollten Sie kennen, damit Sie Ihre Sätze auf die Wirkung hin gestalten können.

Satzarten

Mit jedem Satz, den man von sich gibt, bezieht man Stellung zur Welt. Mal sagt man, was ist. Mal sagt man, was sein soll. Ein andermal versucht man, Kenntnisse zu erlangen. Für diese Sprechakte stehen unterschiedliche Satzarten zur Verfügung:

- der **Aussagesatz**
  Nana passt auf.
- der **Ausrufesatz**
  Wie Nana heute wieder aufpasst!
- der **Aufforderungssatz**
  Pass auf!
- der **Wunschsatz**
  Wenn Nana doch nur besser aufpasste!
- der **Fragesatz**
  Passt Nana auf?

Die Satzarten beschreiben, wie der Satz verstanden werden soll. Sie geben die Satzfunktion an.

Sachtexte bestreitet man fast ausschließlich mit Aussagesätzen. Das gilt auch für wissenschaftliche Arbeiten. Ausrufesätze und Wunschsätze würden hier nicht passen. Fragesätze verwendet man nicht nur für echte Fragen, sondern auch für *rhetorische Fragen.* Das sind Fragen, auf die man keine Antwort erwartet. *Warum aber stellt man solche Fragen?* Das macht man wegen der Wirkung. Der Fragesatz bringt Abwechslung, und dadurch wird der Leser aufgerüttelt. Wenn Sie diesen Effekt einsetzen, denken Sie bitte daran, dass Sie für jede Frage, die Sie in den Text stellen, dem Leser eine Antwort schulden.

Merksatz ─────────────

Satzarten geben an, wie ein Satz zu verstehen ist: als Aussage, Ausruf, Aufforderung, Wunsch oder Frage.

Satzformen

Satzformen beschreiben, nach welchem Muster Sätze aufgebaut sind. Bestimmend für das Muster ist das Prädikat, genauer gesagt die Stellung des finiten Verbs. Das kann in drei Positionen stehen:

in Erststellung: *Nimmst* du den Bus?
in Zweitstellung: Du *nimmst* den Bus.
in Letztstellung: Ich gehe davon aus, dass du den Bus *nimmst*.

Entsprechend unterscheidet man

* *Verberstsätze* oder *Stirnsätze*
* *Verbzweitsätze* oder *Kernsätze*
* *Verbletztsätze* oder *Spannsätze*

Bei mehrteiligen Prädikaten würden die Sätze so aussehen:

Hast du den Bus *genommen?*
Du *hast* den Bus *genommen.*
Ich gehe davon aus, dass du den Bus *genommen hast.*

An der Position des finiten Verbs hat sich nichts geändert; allerdings ist beim ersten und beim zweiten Satz durch den hinzugekommenen Prädikatsteil eine Klammer entstanden. Das ist wieder die Satzklammer, die bereits beim Prädikat angesprochen wurde. Der Nebensatz im dritten Satz hat ebenfalls eine Satzklammer, nur besteht sie hier aus der Konjunktion *dass* und dem Prädikat. → Baustein 21

Die Satzklammer prägt den Satz so sehr, dass man über sie verschiedene Stellungsfelder definieren kann: *das Vorfeld, das Mittelfeld* und *das Nachfeld*. Demnach hat ein Hauptsatz als Aussagesatz die folgende Struktur:

Vorfeld	linke Satzklammer	Mittelfeld	rechte Satzklammer	Nachfeld
Nana	hat	den Bus	verpasst	weil sie spät dran war
Weil sie spät dran war	hat	Nana den Bus	verpasst.	
Gestern	hat	Nana, weil sie spät dran war, den Bus	verpasst	
Nana	hat		geflucht.	
Nana	hat	laut	geflucht	über dieses Missgeschick.

Im Vorfeld kann immer nur *ein* Satzglied stehen. Dann kommt als linke Satzklammer das finite Verb als Teil des Prädikats. Im Mittelfeld stehen die übrigen Satzglieder (wenn es denn welche gibt). Dann kommt als rechte Satzklammer der Rest des Prädikats. Ins Nachfeld können Sie Satzglieder stellen, die Sie aus dem Mittelfeld ausklammern. Nehmen Sie das *Missgeschick* im letzten Satz. Es könnte auch im Mittelfeld stehen: *Nana hat laut über dieses Missgeschick geflucht.* Dort würde es nicht weiter beachtet. Im Nachfeld dagegen ist es betont. Man nennt diesen Vorgang *Ausklammerung.*

Merksatz

Ausklammerung bedeutet, dass man ein Satzglied hinter die rechte Satzklammer stellt. Dadurch kann man ihm ein besonderes Gewicht verleihen.

Im Nebensatz ergibt sich durch die Satzklammer die folgende Struktur:

[Hauptsatz]	linke Klammer	Mittelfeld	rechte Klammer	[Hauptsatz]
Nana flucht	weil	sie den Bus	verpasst hat	
	Weil	sie eine Stunde lang	warten musste	kam sie zu spät.

Der Nebensatz hat kein Vorfeld; er beginnt mit der linken Satzklammer, bestehend aus der Konjunktion. Dann kommt das weite Mittelfeld. Die rechte Satzklammer besteht aus dem gesamten Prädikat. Man kann auch hier ein Nachfeld einrichten. Die Wirkung ist wie oben beschrieben. Das erkennen Sie im Vergleich:

[Hauptsatz]	linke Klammer	Mittelfeld	rechte Klammer	Nachfeld
Nana flucht	weil	sie vor lauter Telefonieren den Bus	verpasst hat	
Nana flucht	weil	sie den Bus	verpasst hat	vor lauter Telefonieren.

Im ersten Satz stehen alle Satzglieder im Mittelfeld. Im zweiten Satz ist das Adverbial aus dem Mittelfeld ins Nachfeld verschoben und damit im wahrsten Sinne des Wortes herausgestellt.

Beim Schreiben werden Sie sich mit derartigen Strukturplänen nicht aufhalten. Das brauchen Sie auch nicht. Es reicht, wenn Sie das Wesentliche im Hinterkopf behalten: Im Satz sind einige Punkte gesetzt, andere sind frei gestaltbar. Letzteres können Sie gründlich nutzen.

Zum Mitnehmen

Die Satzklammer ist ein Rahmen, an dem Sie Ihre Sätze ausrichten können.

Welche Information Sie wo unterbringen, das richtet sich letztlich danach, worauf Sie hinauswollen. Sie schreiben ja nicht eine Sammlung einzelner Sätze, sondern einen zusammenhängenden Text. Das heißt: Ein Satz soll sich wie von selbst aus dem anderen ergeben. Um das hinzukriegen, dazu brauchen Sie die Kenntnisse des Satzbaus.

30 Zeichensetzung

Beim Stichwort *Zeichensetzung* denken viele nur an eins: an das Komma. Das Komma wird in seiner Schwierigkeit gemeinhin überschätzt; die anderen Satzzeichen dagegen werden in ihrer Vielfalt unterschätzt. Das ist schade, denn damit verschenkt man gute Gelegenheiten, dem Leser das Lesen leichter zu machen. Sehen Sie sich in diesem Baustein an, was Sie mit welchen Satzzeichen bewirken können und welche Regeln gelten. Es geht der folgenden Reihe nach:

1. Satzschlusszeichen
2. Das Komma
3. Das Semikolon
4. Der Doppelpunkt
5. Der Gedankenstrich
6. Klammern
7. Anführungszeichen
8. Satzzeichen bei der wörtlichen Rede

1. Satzschlusszeichen

Satzschlusszeichen sind Punkt, Ausrufezeichen und Fragezeichen.
Der Punkt steht am Ende eines Aussagesatzes. Das ist nicht weiter bemerkenswert. Bemerkenswert sind eher die Fälle, in denen er *nicht* steht. Man setzt keinen Punkt

- am Ende von freistehenden Zeilen wie etwa Überschriften:
  Solides Grundwissen reicht

- am Ende von kolumnenartigen Aufzählungen ohne Komma:
  Ein zügiges Studium setzt voraus
  – Zielstrebigkeit
  – gute Organisation
  – Mitarbeit in den Veranstaltungen
  – gründliche Vor- und Nachbereitung

- am Ende von eingeschobenen Sätzen
  Das Angebot des Fachsprachenzentrums – der Flyer zeigt es auf einen Blick – ist in diesem Semester um einige Kurse erweitert.

- bei wörtlicher Rede, die am Anfang oder im Inneren von Ganzsätzen steht
  „Solides Grundwissen reicht", sagt der Autor eines Studienratgebers.

- nach einem Punkt, der eine Abkürzung kennzeichnet
  Prof. Müller ist nun auch noch Dr. h. c.

Merksatz

Der Punkt markiert das Ende des ganzen Satzes. Wenn es noch irgendwie weitergeht, setzt man keinen Punkt.

Das Ausrufezeichen dient dazu, dem Inhalt eines Satzes besonderen Nachdruck zu verleihen. Es kennzeichnet

- die emotionale Prägung einer Äußerung: *Der Hochschuletat wird gekürzt, und zwar um 30 Millionen Euro!*
- Wünsche: *Hätte man doch besser gewirtschaftet!*
- Ausrufe: *Wie ärgerlich!*
- Aufforderungen: *Ruhe bitte!*

Solche Äußerungen sind nicht der Stoff, aus dem man wissenschaftliche Arbeiten macht. Die sollten bei der Sache bleiben und mit der Schlagkraft ihrer Argumente auskommen; Ausrufe und Ausrufezeichen sind nicht nötig.

Fragezeichen markieren Fragen. Das können echte oder auch rhetorische Fragen sein. Ihre rhetorischen Fragen beantworten Sie bitte selbst: *Wie aber konnte es zu diesem Defizit kommen? – Das werde ich in drei Schritten aufzeigen.* ...

→ Baustein 29

2. Das Komma

Das Wichtigste zum Komma wissen Sie bereits, wenn Sie die Bausteine 26 und 27 bearbeitet haben. Es kann aber gar nicht oft genug gesagt werden:

> **Merksatz**
>
> Wo ein Nebensatz steht, steht immer auch ein Komma. Das Komma markiert den Wechsel der Satzebene.

Mit dieser einen Regel können Sie die meisten Kommas erklären. Noch geschickter ist es, sie vorbeugend zu nutzen: Schreiben Sie überschaubare Sätze, dann stolpern Sie nicht über Kommas. Wie kompliziert die Kommasetzung in Ihren Texten ausfällt, das bestimmen *Sie*, und zwar mit Ihrem Satzbau. Machen Sie es einfach!

Außer der Nebensatzregel sollten Sie noch die folgenden Regeln kennen. Ein Komma steht

- zwischen gleichrangigen Teilsätzen, die durch eine entgegensetzende Konjunktion wie *aber, sondern, doch* verbunden sind
  Die Literaturliste ist gut gegliedert und auf dem neuesten Stand, doch viele Erstsemester wissen nichts damit anzufangen.

  bei entgegensetzenden Konjunktionen

- beim erweiterten Infinitiv mit *zu*, wenn er angekündigt ist, von einem Substantiv abhängt oder mit *als, anstatt, außer, ohne, um* eingeleitet wird
  Nick arbeitet daran, seinen Ausdruck zu verbessern. Das Angebot, ein Schreibseminar mitzumachen, nimmt er gerne an. Er besucht das Seminar, statt zu seiner Freundin zu fahren.
  Bei umgekehrter Stellung, wenn also nachträglich auf den Infinitiv mit *zu* Bezug genommen wird, setzt man ebenfalls ein Komma.
  Sich die richtigen Arbeitstechniken gleich am Anfang anzueignen, das ist das Beste, was man machen kann.

  beim erweiterten Infinitiv mit *zu*

bei Aufzählungen

• bei Aufzählungen zwischen den Gliedern, die nicht durch eine Konjunktion verbunden sind
Die Literaturliste unterscheidet Primärliteratur, Sekundärliteratur, Nachschlagewerke und weiterführende Literatur.

bei nachgestellten Erläuterungen

• vor Zusätzen und Nachträgen
Den Erstsemestern werden zwei Veranstaltungen besonders empfohlen, und zwar die Bibliotheksführungen und die Einführung ins wissenschaftliche Arbeiten.

bei Appositionen, vergleiche Baustein 25

• bei Appositionen
Professor Müller, der Dekan des Fachbereichs Sprachwissenschaft, hat einen Ehrendoktortitel bekommen.

bei Literaturangaben

• bei mehrteiligen Orts-, Zeit- und Literaturangaben ohne Präposition
eine Diskussion am Montag, dem 7. Mai, 9.00 Uhr (,) in Raum 112, Hauptgebäude
ein Aufsatz in der Zeitschrift Literatur in Wissenschaft und Unterricht, *Jahrgang 30, Heft 3, Seiten 201–214*

nach Anreden

• nach Anreden und Ausrufen, Bejahung und Verneinung
Nana, kommst du mit zu der Veranstaltung? – Ja, gerne.

Tipp zum erweiterten Infinitiv mit *zu*

Beim erweiterten Infinitiv mit *zu* ist das Komma grundsätzlich freigestellt; nur unter den oben genannten Bedingungen *muss* es stehen. Sie können sich die Sache erleichtern, indem Sie das Komma *immer* setzen. Dann brauchen Sie nicht über Ausnahmen nachzudenken.

→ Baustein 27

Ein weiterer Fall, in dem man ein Komma setzen kann, aber nicht muss, ist die Satzreihe mit *und* oder *oder* zwischen den Teilsätzen:

Der Vortrag hat mir sehr gefallen (,) und ich werde mir das Buch dazu kaufen.

Das Komma hat den Vorteil, dass die Gliederung des Ganzsatzes deutlicher wird. Manchmal kann es auch helfen, Missverständnisse zu vermeiden.

Simon schreibt über Arbeitslose (,) und Susanne betreibt weiterhin ihre Lobbyarbeit.

Ohne Komma liest man zunächst: *Simon schreibt über Arbeitslose und Susanne.* Beim Weiterlesen erkennt man den Irrtum, geht ein Stück zurück und fängt noch einmal an. Der Satz wird also nicht beim ersten Mal verstanden. Deshalb ist der Leser mit Komma besser bedient.

Bitte beachten

Zum Komma in Verbindung mit *und* kursiert ein hartnäckiger Irrtum, nämlich dass vor *und* nie ein Komma stehen darf. Das stimmt nicht. Vor *und* kann sehr wohl ein Komma stehen, *und* es gibt viele Fälle, in denen es stehen muss. Einen solchen Fall sehen Sie oben, *und* zwar bei den Zusätzen und Nachträgen.

Abgesehen von allen Regeln behalten Sie bitte im Hinterkopf, was das Komma grundsätzlich leisten soll: Es soll die Struktur des Textes verdeutlichen, damit er sich leichter lesen lässt. Wo es diesen Zweck erfüllt, ist es angesagt; ansonsten ist es fehl am Platz.

3. Das Semikolon

Das Semikolon, auch *Strichpunkt* genannt, kann zwischen vollständigen Sätzen stehen. Es drückt mehr Zusammengehörigkeit aus als ein Punkt und weniger als ein Komma.

Nana hat sich für eine Exkursion angemeldet; deshalb sitzt sie jetzt mit Feuereifer über ihrer Hausarbeit. Sie wollte schon viel früher damit anfangen, doch es kam immer etwas dazwischen. Nana arbeitet besser, wenn sie einen Zeitrahmen hat; ohne Zeitvorgabe gibt sie leicht der Versuchung nach, die Dinge aufzuschieben.

Der letzte Satz zeigt das Semikolon in zwei Funktionen, für die es besonders geeignet ist: Zum einen verbindet es Sätze, die in sich schon unterteilt sind und Kommas haben; zum anderen stellt es den Gegensatz – *mit Zeitrahmen, ohne Zeitvorgabe* – sehr deutlich heraus.
Bei Aufzählungen können Sie das Semikolon setzen, um Gruppen zu markieren. Innerhalb der Gruppen werden die aufgezählten Glieder durch Kommas voneinander getrennt.

Wer dazu neigt, die Dinge aufzuschieben, kann Folgendes tun: sich einen festen Zeitrahmen setzen; Absprachen treffen; Kontrollmechanismen einführen, etwa durch Gruppenarbeit; prüfen, ob Prüfungsangst mit im Spiel ist; Belohnungen aussetzen. Beliebte Belohnungen sind Faulenzer- und Schmökertage; Besuche, Ausflüge und Reisen; Kino, Theater und Konzert; Einkaufsbummel, lange Nächte und verschlafene Morgen.

Tipp

Beachten Sie neben Punkt und Komma auch das Semikolon. Dann können Sie den Grad der Zusammengehörigkeit noch genauer darstellen.

4. Der Doppelpunkt

Der Doppelpunkt ist ein Ankündigungszeichen. Er sagt dem Leser: „Stopp! Herhören! Jetzt kommt etwas Wichtiges." Das Wichtige kann eine Erklärung sein, eine Weiterführung oder auch eine Überraschung.

Prüfungsangst macht sich mit unterschiedlichen Symptomen bemerkbar: Herzrasen, Panikattacken, Magenbeschwerden oder Übelkeit. Die Symptome mit Medikamenten anzugehen ist keine Lösung. Dauerhaft hilft nur eins: die Angst auf ein gesundes Maß zurückzufahren.

Tipp

Nutzen Sie den Doppelpunkt, um den Leser zu besonders wichtigen Aussagen hinzuführen.

Zur Groß- und Kleinschreibung nach dem Doppelpunkt: Folgt ein ganzer Satz, so wird das erste Wort großgeschrieben; folgt nur ein Wort oder eine Wortgruppe, so wird je nach Wortart groß- oder kleingeschrieben.

5. Der Gedankenstrich

→ Baustein 20

Der Gedankenstrich ist der längere Strich zwischen zwei Leertasten, nicht zu verwechseln mit dem Bindestrich. Er zeigt an, dass etwas kommt, was einen eigenen Gedanken wert ist. Er verschafft dem Leser die Pause, die er braucht, um sich auf diesen Gedanken einzustellen.

Nana hat ihre Hausarbeit abgegeben – und sogar schon eine Rückmeldung bekommen. Sie ist stolz wie Oskar – und das mit Recht.

Bei Einschüben können Gedankenstriche die Kommas ersetzen.

Die Arbeit – ich habe sie von vorne bis hinten gelesen – behandelt das Thema ohne theoretischen Ballast und mit viel gesundem Menschenverstand.

Durch die Gedankenstriche wird der Einschub – schon rein optisch – viel stärker als zusätzlicher Gedanke herausgestellt, als das bei Kommas der Fall ist.
Beim Gedankenstrich achten Sie bitte auf die übrige Zeichensetzung. Die wird nämlich *nicht* überflüssig. Wenn der einschließende Satz Satzzeichen enthält, sind diese trotz der Gedankenstriche beizubehalten.

Nana argumentiert – das ist mir gleich aufgefallen –, dass es gar nicht um große Werte geht, sondern um die kleinen Dinge des Alltags.

Innerhalb des Einschubs kann ein Frage- oder Ausrufezeichen stehen, jedoch kein Schlusspunkt.

Der Professor – kennst du den überhaupt? – denkt, er habe Nana diese Sicht beigebracht.

> ### Tipp
> Betrachten Sie den Gedankenstrich als Pausenzeichen. Wo Sie beim Sprechen eine Pause machen würden, können Sie beim Schreiben den Gedankenstrich setzen. Das sollten Sie allerdings nur hin und wieder tun, sonst wirken Ihre Texte zerstreut.

6. Klammern

Klammern schließen Zusätze und Nachträge ein. In dieser Funktion können sie Kommas oder auch Gedankenstriche ersetzen.

Nana (du kennst sie lange genug) hat noch nie eine andere Sicht gehabt.

Klammern grenzen die zusätzliche Information stärker aus, als Kommas und Gedankenstriche das tun. In Sätzen wie dem Beispielsatz ist es letztlich eine Geschmacksfrage, welches Satzzeichen man verwendet. Wenn es jedoch um Worterläuterungen, systematische, geographische oder chronologische Zusätze geht, dann werden Klammern bevorzugt.

Die Gesprächsprotokolle (siehe Anlage) zeigen, dass alle Beteiligten um einen Kompromiss bemüht sind.

Bis hierher ging es um runde Klammern; daneben gibt es noch die eckigen. Die brauchen Sie zum Beispiel beim Zitieren. Bitte lesen Sie den folgenden Text als Zitat:

Bisweilen, so wird berichtet, habe er [Flaubert] tagelang um den treffendsten und gleichzeitig knappsten Ausdruck gerungen. Diese Besessenheit vom Ideal der Sprche [sic] lässt sich anhand der neuen Textedition überprüfen.

sic heißt *so*

Was in eckigen Klammern dasteht, gehört nicht zum Originaltext, sondern ist von mir hinzugefügt. An der ersten Stelle gebe ich Ihnen eine Verständnishilfe; an der zweiten Stelle zeige ich, dass ich den Fehler sehr wohl bemerkt habe. Berichtigt habe ich ihn nicht, denn ich darf ja nicht in das Original eingreifen.

Merksatz

Wenn Sie im Zitat Informationen hinzufügen, setzen Sie diese bitte in eckige Klammern.

7. Anführungszeichen

Anführungszeichen kennzeichnen wörtliche Rede (die unten gesondert behandelt wird) sowie Titel, Zitate und Wörter, über die man eine Aussage machen will.

Wir behandeln gerade „Madame Bovary". Schon früh in ihrer Ehe empört sich Emma über Karls „satte Trägheit" und seinen „zufriedenen Stumpfsinn". Um die zu durchdringen, bedurfte es tatsächlich eines Skalpells. Mit seiner wissenschaftlichen Methode gibt Flaubert dem Begriff „Realismus" eine neue Tiefe.

Anführungszeichen haben noch einen weiteren Einsatzbereich: Man kann sie setzen, um anzuzeigen, dass etwas anders gemeint als gesagt ist. Im folgenden Beispiel etwa geht es um Geldverschwendung; gesagt jedoch wird das Gegenteil:

> Die „Sparmaßnahmen" haben dazu geführt, dass zur Deckung der Folgekosten Tafelsilber verkauft werden muss – doch „nur" für rund 20 Millionen Euro. Es geht wieder einmal um „Peanuts".

Generell ist bei solchen Einsätzen Vorsicht geboten. Ironie wird oft nicht verstanden, und dann steht man da und muss erklären, was man eigentlich gemeint hat. Für wissenschaftliche Arbeiten ist Ironie ohnehin nicht geeignet.

Noch ein Wort zu den *Peanuts*: Hier sind die Anführungszeichen überflüssig, da die übertragene Bedeutung mittlerweile lexikalisiert und allgemein bekannt ist. Es wird schon niemand an Erdnüsse denken.

Die Entscheidung, ob ein Wort an der betreffenden Stelle verständlich ist, liegt immer beim Autor. Wenn es verständlich ist, braucht es keine Verständnishilfen, also auch keine Anführungszeichen. Wenn es nicht verständlich ist, gehört es nicht in den Text.

Tipp

Anführungszeichen sind nicht dazu da, unpassende Wörter passend zu machen. Entweder passt ein Wort, dann spricht es für sich; oder es passt nicht, dann sollte es auch nicht dastehen.

8. Satzzeichen bei der wörtlichen Rede

Bei der wörtlichen Rede hat man es mit Doppelpunkt, Anführungszeichen, Punkt, Komma, Fragezeichen und Ausrufezeichen in allen möglichen Kombinationen zu tun. Am besten prägen Sie sich die Folge anhand von Beispielsätzen ein.

Grundsätzlich ist zu unterscheiden, was zur wörtlichen Rede und was zum Begleitsatz gehört.

> Tom sagt: „Ich fahre nach Paris."
> Tom fragt: „Kommst du mit?"
> Tom sagt: „Komm doch!"

Die Satzschlusszeichen gehören hier zu den angeführten Sätzen und stehen deshalb *vor* den Anführungszeichen. Gehört das Schlusszeichen zum Begleitsatz, dann steht es hinter dem schließenden Anführungszeichen:

> Tom sagt nur „Paris".
> Sag einfach: „Ich fahre nach Paris"!
> Hast du ihr gesagt: „Ich fahre nach Paris"?

Bei umgekehrter Stellung – angeführter Satz vorne, Begleitsatz dahinter – setzt man nach dem schließenden Anführungszeichen ein Komma.

> „Ich fahre nach Paris", sagt Tom.
> „Kommst du mit?", fragt er.
> „Komm doch!", sagt er.

Bitte beachten Sie, dass im ersten Beispiel in der angeführten Rede der Schlusspunkt entfällt.

Ist der Begleitsatz in die angeführte Rede eingeschoben, so wird er in Kommas eingeschlossen:

> „Ich fahre nach Paris", sagt Tom, „und vielleicht auch noch nach Marseille."

Das sind die wichtigsten Stellungen bei der wörtlichen Rede.

Tipp

Meistens ist die wörtliche Rede in Aussagesätze gebettet. Es reicht, wenn Sie sich diese Versionen merken:

Er sagt: „Das ist so."	*„Das ist so", sagt er.*
Er fragt: „Ist das so?"	*„Ist das so?", fragt er.*
Er sagt: „So soll es sein!"	*„So soll es sein!", sagt er.*

Übung

Der folgende Text enthält nur Satzschlusszeichen. Bitte setzen Sie die übrigen Satzzeichen ein.

Mitunter ist Prüfungsangst der Grund warum ein Studium über Gebühr in die Länge gezogen wird. Die tatsächliche Leistung wird in den Hintergrund gedrängt im Vordergrund sammeln sich Gedanken die die Prüfung zu einer unerträglichen Last werden lassen. Da wird aus einem leeren Blatt ein Blackout aus dem Blackout eine verpfuschte Chance aus der verpfuschten Chance Arbeitslosigkeit aus der Arbeitslosigkeit Einsamkeit und aus der Einsamkeit Unglück bis zum letzten Tag. Ein anderer sieht seine Geschwister vor sich die schon immer alles besser konnten einen Vater dem nie etwas gut genug war und eine Mutter die dazu sagte Junge was soll aus dir werden? Nur wer sich von solchen Gedanken befreit und sich auf das konzentriert was ist kann seine Prüfungsangst überwinden. Mittlerweile bieten viele Hochschulen Workshops und Seminare an um Studierenden zu helfen sich ruhig und gelassen ihren Prüfungen zu stellen.

Fünfte Einheit: Texte

Texte, auch wissenschaftliche Arbeiten, sind Kommunikation. Sie haben ihre Mission noch nicht erfüllt, wenn sie nur auf dem Papier stehen; sie müssen den Leser erreichen. Wie man das hinkriegt, ist Gegenstand dieser Einheit.

Im ersten Baustein geht es um die Frage, was Texte verständlich macht. Vier Eigenschaften – das haben Psychologen herausgefunden – sind besonders relevant. Im zweiten Baustein wird ein Kommunikationsmodell vorgestellt, das Organon-Modell; daraus werden im dritten Baustein drei Texttypen abgeleitet. Im vierten Baustein werden Sender, Empfänger und Redegegenstand hinterfragt. Im fünften und letzten Baustein kriegen Sie sieben Tipps mit auf den Weg, mit denen Sie Ihr Schreiben noch weiter verbessern können.

31 | Was Texte verständlich macht

Die Frage, was Texte verständlich macht, geht nicht nur die Sprachwissenschaft an, sondern auch die Psychologie. So haben bereits Ende der sechziger Jahre drei Psychologen der Universität Hamburg – Inghard Langer, Friedemann Schulz von Thun und Reinhard Tausch – aufgezeigt, dass vor allem die folgenden vier Merkmale für Verständlichkeit sorgen:

→ „Sonstige Literatur" im Literaturverzeichnis

1. Gliederung/Ordnung
2. Einfachheit
3. Kürze/Prägnanz
4. Anregende Zusätze

Gliederung/Ordnung

Die gute Ordnung fängt damit an, dass Sie Ihr Thema klar abgrenzen. Überlegen Sie genau, was dazugehört. Denken Sie dabei nicht nur an die Sache, sondern auch an den Leser. Er muss Ihren Ausführungen folgen können, ohne dass er zusätzliche Informationen einholt. Was er dazu braucht, gehört in den Text, alles andere nicht.

> **Tipp**
>
> Halten Sie sich an das Motto *So viel wie nötig, so wenig wie möglich.*

Zum Abfragen, ob denn auch alles da ist, kann man je nach Text die sieben W-Fragen heranziehen: *Wer?*, *Was?*, *Wann?*, *Wo?*, *Wie?*, *Mit welchen Mitteln?*, *Warum?* Sie sind nicht immer alle anwendbar und auch nicht unbedingt gleich wichtig; aber sie sind ein Werkzeug, das Sie für alle Fälle in Ihrem Werkzeugkasten haben sollten.

Wenn Sie Ihr Thema klar umrissen und im Titel angekündigt haben, brauchen Sie sich im Text nicht zu entschuldigen für das, was *nicht* vorkommt. Verzichten Sie auf die Floskel „Es würde den Rahmen dieser Arbeit sprengen, auch noch auf dies und das einzugehen". Niemand erwartet, dass Sie darauf eingehen. Mehr zu Floskeln kommt weiter unten.

Die Gliederung muss übersichtlich und logisch nachvollziehbar sein. Es ist *Ihre* Aufgabe, den Leser durch die Arbeit zu führen, ohne dass er hängen bleibt oder auf die falsche Spur gerät. Also müssen Sie ein Element folgerichtig auf das andere aufbauen. Es nützt dem Leser gar nichts, wenn Sie im fünften Kapitel die Grundlagen schaffen für das, was Sie im dritten Kapitel ausführen. Schreiben Sie nicht im ersten Kapitel über eine Person, die Sie erst im sechsten Kapitel vorstellen. Machen Sie nicht zu viele Unterpunkte. Sonst vergisst der Leser, was der Hauptpunkt ist.

Merksatz

Die Gliederung geleitet den Leser sicher von der ersten bis zur letzten Seite.

---

2. Einfachheit

Auf der Ebene der Gliederung haben Sie die Einfachheit bereits umgesetzt. Nun ist sie auf zwei weitere Ebenen zu übertragen: auf die Wortwahl und den Satzbau.

→ Baustein 4   Verwenden Sie geläufige Wörter. Setzen Sie Fremdwörter nur dann ein, wenn kein entsprechendes deutsches Wort den Zweck erfüllen kann. Fachausdrücke wiederum gehören zum Fach und sind deshalb nicht fremd. Sie werden einheitlich und durchgängig eingesetzt. An Fachausdrücken gibt es nichts zu rütteln.

Beim Satzbau achten Sie bitte auf überschaubare Sätze. Hauptsatz und Nebensatz oder Nebensatz und Hauptsatz, das ist ein guter Rhythmus. Schachtelsätze sind tabu.

→ Bausteine 21 und 29   In einem guten Satz steht zusammen, was zusammengehört. Meiden Sie überspannte Satzklammern. Schieben Sie die Aussage nicht auf die lange Bank. Der Leser will wissen, worum es geht.

Tipp

Halten Sie es mit Schopenhauer: *Man brauche gewöhnliche Worte und sage ungewöhnliche Dinge.*

3. Kürze/Prägnanz

Was fällt Ihnen bei den folgenden Sätzen auf?

Geiz ist geil.
Ich bin schwul und das ist gut so.
Stell dir vor, es ist Krieg, und keiner geht hin.

Kurze Sätze, kurze Wörter. Lauter Ein- und Zweisilber. Das ist der Grund, weshalb diese Sprüche sich eingeprägt haben.

Kürze erreichen Sie, indem Sie einfache Wörter in einfache Sätze einbinden. Prägnanz geht noch über die Kürze hinaus: Sie verlangt zusätzlich zur Kürze einen hohen Bedeutungsgehalt. Den erreichen Sie, indem Sie sich auf das Wesentliche beschränken. Lassen Sie alles Unwesentliche weg; meiden Sie Gemeinplätze, Floskeln und Füllwörter. Jedes Wort, das dasteht, soll eine Leistung erbringen; Wörter, die nichts leisten für den Text, sollten nicht dastehen.

Das Streben nach Kürze und Prägnanz tut jedem Text gut; aber es darf nicht missverstanden werden. Abgebrochene Sätze etwa, abgekürzte Wörter oder ein Verzicht auf die Formen der Höflichkeit, das alles wäre *keine* erstrebenswerte Kürze, denn es wäre nicht von Vorteil für den Leser. Bei aller Kürze muss der Text leicht und angenehm zu lesen sein.

Tipp

Sagen Sie nur, was der Rede wert ist. Sagen Sie es ohne Umschweife und in einfachen Worten.

4. Anregende Zusätze

Wissen Sie, was eine Geschichte ausmacht? Die Zusammenhänge. *Der König starb. Die Königin starb.* Das sind zwei Fakten. *Der König starb, und aus Trauer starb die Königin.* Das ist eine Geschichte. Geschichten kann man sich besser merken als einzelne Fakten.

> **Tipp**
>
> Erzählen Sie Geschichten.

Geschichten erzählen heißt nicht, dass Sie wissenschaftliches Terrain verlassen. Sie bedienen sich lediglich einiger Hilfsmittel, die das Terrain besser begehbar machen. Ein solches Hilfsmittel sind Beispiele. Ein gutes Beispiel kann mehr bewirken als jede noch so ausführliche Erklärung. Bieten Sie dem Leser beides, die Erklärung und das Beispiel. Dann kann er wählen, wie er sich den Sachverhalt merkt.

> **Tipp**
>
> Illustrieren Sie Ihre Aussagen mit Beispielen.

Ein weiteres Mittel, das die Merkfähigkeit verbessert, ist die bildhafte Sprache. Sie ist außerdem ein gutes Gegenmittel gegen Langeweile.

> **Tipp**
>
> Benutzen Sie Bilder, Metaphern und Vergleiche.

Sie können Ihre Texte noch weiter auflockern, indem Sie auch andere zu Wort kommen lassen. Zitieren Sie deren Meinung zum Thema. So entsteht ein lebhaftes Hin und Her. Achten Sie aber bitte darauf, dass die Aussagen anderer nie Ihre eigenen Aussagen ersetzen können. Zitate können Ihre Argumentation unterstützen, belegen oder auf den Punkt bringen; die Argumentation jedoch muss von Ihnen kommen.

> **Tipp**
>
> Arbeiten Sie mit Zitaten.

Das alles sollten Sie nicht auf Biegen und Brechen tun. Die genannten Mittel sind nur dann gut, wenn sie hundertprozentig passen. Wenn sie an den Haaren herbeigezogen sind, wirken sie verwirrend oder unglaubwürdig und schaden dem Text. Deshalb sollten Sie auf die Zusätze genauso viel Sorgfalt verwenden wie auf die übrigen Ausführungen.

32 Das Organon-Modell

Organon ist das griechische Wort für *Werkzeug*. Als solches hatte Platon die Sprache bezeichnet: Sie ist ein Werkzeug, damit einer dem anderen etwas sagen kann über die Dinge. Aus diesen drei Komponenten – dem einen, dem anderen und den Dingen – leitete der Psychologe Karl Bühler (1879 – 1963) die drei Faktoren ab, die ein sprachliches Zeichen ausmachen.

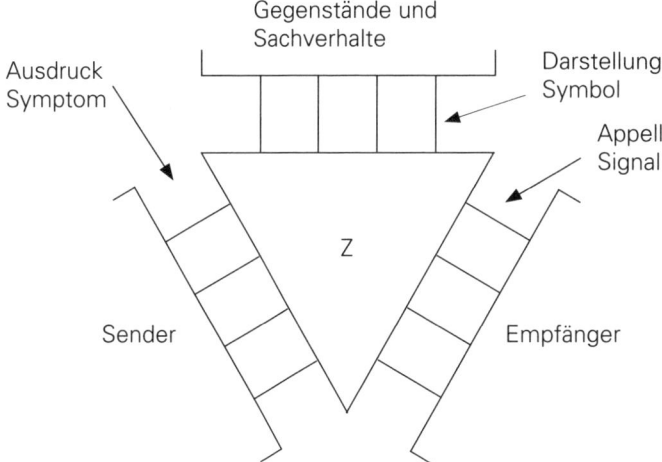

In der Mitte steht das sprachliche Zeichen. Es ist ein Symbol, insofern es sich auf Gegenstände und Sachverhalte der Wirklichkeit bezieht. *Es stellt diese dar.* Es ist ein Symptom, insofern es zeigt, was im Sender vor sich geht. *Es drückt dessen Innerlichkeit aus.* Es ist ein Signal, insofern es *an den Empfänger appelliert*, sich so oder so zu verhalten. Seine drei Funktionen sind demnach Darstellung, Ausdruck und Appell.

Die Bedeutung des Organon-Modells besteht darin, dass es Sender und Empfänger mit einbezieht und damit die kommunikative Funktion der Sprache herausstellt. Was Bühler über das sprachliche Zeichen sagt, können Sie auf jeden Text anwenden – ob es nun eine Notiz auf einem kleinen gelben Haftzettel ist oder eine Doktorarbeit. Immer gibt es dreierlei zu leisten: ein Thema darzustellen, eine Absicht auszudrücken und einen Empfänger anzusprechen.

Übertragen auf Hausarbeiten und Abschlussarbeiten heißt das: Auch hier geht es nicht nur um das Thema an sich; es geht vielmehr darum, das Thema zum Empfänger zu tragen. Sie als Verfasser messen dem Thema eine Bedeutung bei und Sie entwerfen es auf den Empfänger hin.

Der Sender-Empfänger-Bezug wirkt auch in die umgekehrte Richtung: Der Leser wird Sie beim Lesen ebenfalls mit einbeziehen. Er wird von einem Erstsemester nicht das Gleiche verlangen wie von einem Doktoranden. Das heißt übersetzt: Sie brauchen gar nicht erst zu versuchen, etwas vorzugeben, was Sie nicht sind. Schreiben Sie so, wie es Ihrem Stand entspricht.

> **Tipp**
>
> Bitte denken Sie daran: Bei allem, was Sie schreiben, spielen auch Sie als Verfasser und der Empfänger eine Rolle.

33 Drei Texttypen

Jeder Text hat die drei Funktionen Darstellung, Ausdruck und Appell. Nur sind diese Funktionen nicht immer gleich stark betont. Bei einem Roman sind sie anders gelagert als bei einer Hausarbeit, bei einem Protokoll anders als bei einer Werbeanzeige. Je nachdem, welche Funktion im Vordergrund steht, werden drei Texttypen unterschieden. Steht die Darstellung des Redegegenstandes im Vordergrund, so spricht man von *informativen Texten*. Geht es in erster Linie um den Ausdruck des Senders, dann spricht man von *expressiven Texten*. Geht es vor allem um den Appell an den Empfänger, dann hat man es mit so genannten *operativen Texten* zu tun. Sehen Sie sich an, welche Texte zu welchem Texttyp gehören und was jeweils zu beachten ist.

1. Der informative Text

Der informative Text soll über einen Sachverhalt informieren. Das ist der Anspruch, den man an wissenschaftliche Arbeiten stellt, an Protokolle, Berichte, Dokumentationen oder Beipackzettel. Bei all diesen Texten ist das oberste Kriterium die Richtigkeit. Der Leser muss sich auf jedes Detail der Aussage verlassen können.

Als Verfasser eines informativen Textes steht man ganz im Dienst der Sache. Alles Weitere, was die eigene Person angeht, hält man zurück. Das gilt sowohl für Meinungen als auch für Eigenheiten, die man sonst schon mal gerne ausdrückt, so etwa Ironie, Sarkasmus oder ein mitleidiges Herz. Ansichten und Empfindungen gehören zur Innerlichkeit, und die wird in informativen Texten eben nicht nach außen gekehrt.

Das Unpersönliche an informativen Texten bedeutet übrigens nicht, dass kein *ich* vorkommen darf. Sie brauchen nicht unter schlimmsten grammatischen Verrenkungen jedes *ich* zu vermeiden; Sie können durchaus in der Ich-Form erklären, wie Sie vorgehen werden. Aber Ihr Vorgehen dient eben dazu, die Sache darzustellen. Die hat Vorrang gegenüber allem anderen.

kein Ich-Verbot!

Tipp
Sie brauchen keine Sorge zu haben, dass Sie farblos oder gar charakterlos wirken, wenn Sie nicht Ihre Meinung sagen. Im Gegenteil: Es erfordert sehr viel Disziplin, Charakter und auch taktisches Geschick, sich selbst zurückzunehmen und eine Sache für sich sprechen zu lassen.

2. Der expressive Text

Zu diesem Texttyp gehören Tagebücher, Romane, Gedichte, Dramen, persönliche Briefe, Kondolenzschreiben oder auch Urlaubsgrüße. All diese Texte sollen in erster Linie authentisch sein; sie sollen unverkennbar zum Verfasser passen. So kommt es, dass man einen Roman von Theodor Fontane gleich als Fontane-Roman erkennt und einen von Arthur Schnitzler als Schnitzler-Roman.

Wenn Sie selbst expressive Texte schreiben, etwa eine Trauerkarte oder eine Entschuldigung, dann sollten diese Texte deutlich für *Sie* sprechen. Schließlich sollen sie von Herzen kommen, und das ist nun mal nicht austauschbar. Überlegen Sie also, was Sie von sich äußern und dem Empfänger geben wollen. Das können Sie ihm schlicht und einfach schreiben.

Im Hochschulkontext werden Sie expressive Texte vor allem untersuchen, seltener selbst produzieren. Trotzdem sollten Sie auch diesen Texttyp nicht vernachlässigen. Denn spätestens im Berufsleben gehört es mit zur sozialen Kompetenz, dass man zu verschiedenen Gelegenheiten die passenden persönlichen Worte findet.

3. Der operative Text

Operative Texte sollen den Empfänger zu einer bestimmten Handlung bewegen. Das tun etwa Predigten, Propaganda, Werbung und Bewerbungen. Bei all diesen Texten zählt am Ende des Tages der Erfolg: Hat der Empfänger getan, was er sollte, oder nicht?

Bei operativen Texten können die Bedeutung des Inhalts und die Rolle des Senders stark variieren. Bei der Werbung etwa spielen Inhalte kaum noch eine Rolle; wichtig ist der Effekt. Bei der Bewerbung dagegen muss einiger Inhalt da sein. Allerdings wird er aus der Sicht des Empfängers definiert. Dessen Interessen bestimmen, was relevant ist. Operative Texte erfordern eine sehr genaue Analyse der Wünsche, Bedürfnisse und Erwartungen des Empfängers. Nur wenn man weiß, wie er tickt, kann man den richtigen Takt treffen.

Im Hochschulkontext produzieren Sie operative Texte, sobald Sie einen Themenvorschlag einbringen, einen Antrag stellen oder sich um ein Praktikum bewerben.

Tipp

Prägen Sie sich die Texttypen mit ihren unterschiedlichen Gewichtungen ein. Dann brauchen Sie nicht bei jedem einzelnen Text zu überlegen, worauf es ankommt.

---

34 Sender, Empfänger, Redegegenstand

Sie können sich die Arbeit noch weiter erleichtern, indem Sie Fragen parat haben, mit denen Sie das Verhältnis zwischen Sender, Empfänger und Redegegenstand austarieren.

Fragen zur eigenen Rolle als Sender

- Was ist mein Ziel?
- Wie ist mein Wissenstand?
  Bin ich Anfänger oder Experte? Habe ich das Thema im Griff, oder muss ich mich noch weiter damit beschäftigen?
- Wer bin ich für den Empfänger?
  Kennt er mich? Hat er eine vorgefasste Meinung über mich? In welchem hierarchischen Verhältnis steht er zu mir?

- Habe ich einen Wissensvorsprung?
- Was ist meine Redeposition?
  Präsentiere ich meinen Text schriftlich oder mündlich? Benutze ich Hilfsmittel? Wie sieht der Zeitrahmen aus?
- _____
  _____
- _____
  _____

Fragen zum Empfänger

- Wer ist der Empfänger?
- Was für Bedürfnisse, Wünsche und Erwartungen hat er?
- Wie ist sein Wissensstand?
- Wie steht er zu dem Thema?
- Wie steht er zum Verfasser?
  Kennt er ihn persönlich? Hat er ein vorgefertigtes Bild?
- Ist er an der Entstehung der Arbeit beteiligt?
  Gab es Besprechungen? Absprachen? Tipps?
- Was ist sein persönlicher Nutzen bei der Sache?
  Wie sehr ist er sich des Nutzens bewusst?
- Was ist seine Position, wenn der Text bei ihm ankommt?
  Wird er den Text hören oder lesen? Wird er dabei viel oder wenig Zeit haben? Wird er gestört oder ungestört sein? Ist er auf das Thema vorbereitet?
- _____
  _____
- _____
  _____

Fragen zum Redegegenstand

- Was genau ist der Redegegenstand?
  Was gehört dazu, damit sich ein schlüssiger Text ergibt?
  Gegen welche Sachverhalte ist er abzugrenzen?
- Was ist seine Bedeutung?
  Ist diese Bedeutung auf Anhieb ersichtlich?
- Ist er hieb- und stichfest recherchiert?
- Hat er heikle Stellen an sich?
- Mit welchen Einwänden ist zu rechnen?
- Welche Struktur ist ihm angemessen?

- _____

- _____
  _____

_____

Übung

Fügen Sie Punkte hinzu, die nach Ihrer eigenen Erfahrung auch noch eine Rolle spielen.

35 | Tipps fürs Schreiben

1. Nehmen Sie sich Zeit genug für die Vorarbeit.

Wenn Sie den ersten Satz zu Papier bringen, muss ein guter Teil der Arbeit bereits hinter Ihnen liegen. Im Einzelnen: Sie haben sich das Thema zurechtgerückt und Informationen zusammengetragen. Sie haben ein Ziel ins Auge gefasst und im Hinblick auf dieses Ziel Ihr Material ausgewertet, sortiert und geordnet. Sie haben Notizen gemacht zu dem, was Sie gelesen und sich dabei gedacht haben. Sie haben einen Plan entwickelt, nach dem Sie vorgehen werden. Wenn Sie diese Vorarbeiten umsichtig und sorgfältig erledigen, fangen Sie fast unmerklich an zu schreiben.

2. Schlagen Sie nach.

Nachschlagen ist kein Zeichen einer Schwäche, sondern einer Stärke: Sie geben sich nicht mit zweifelhaften Aussagen zufrieden, sondern gehen den Dingen auf den Grund. Sie arbeiten eben gründlich.

Nachschlagen ist nicht gleichzusetzen mit Googeln. Google zeigt Treffer nach Häufigkeit der Zugriffe; die aber bestätigt nicht die Richtigkeit der Inhalte. Für verifizierte Inhalte sind Nachschlagewerke die bessere Adresse.

Wenn Sie in einer Bibliothek arbeiten, nutzen Sie auch die größeren Nachschlagewerke: allgemeine Wörterbücher und Fachlexika. Zu Hause sollten Sie zumindest eine Grundausstattung haben. Das wäre auf jeden Fall ein Rechtschreibwörterbuch wie etwa *Duden, Band 1: Die deutsche Rechtschreibung*. Hilfreich wäre auch *Duden, Band 9: Richtiges und gutes Deutsch*. Dieser Band enthält Zweifelsfälle der deutschen Sprache. Das sind Fragen zur Grammatik, zum Stil und zum Sprachgebrauch. Wenn Sie etwas für Ihren Wortschatz tun möchten, können Sie noch ein Synonymwörterbuch dazunehmen. Das gibt sinn- und sachverwandte Wörter an. Die Angaben zu all diesen Nachschlagewerken finden Sie im Literaturverzeichnis.

3. Überarbeiten Sie Ihre Texte.

Die erste Version ist selten druckreif. Die Vorstellung vom Genie, das in einem einzigen Streich ein Meisterwerk hervorbringt, gehört in die Romantik. In der Realität gelten andere Verhältnisse: Da macht die Inspiration nur ein Prozent des Geniestreichs aus; die restlichen neunundneunzig Prozent ergeben sich aus unverdrossener Geduld und harter Arbeit. Planen Sie also so, dass Sie genügend Zeit haben, Ihren ersten Entwurf zu überarbeiten – vielleicht sogar mehrfach. Mit jeder Überarbeitung wird das Ergebnis besser.

4. Lassen Sie Korrektur lesen.

Vier Augen sehen mehr als zwei Augen. Das gilt umso mehr, als Ihre eigenen Augen mit fortschreitender Arbeit betriebsblind werden. Lassen Sie deshalb Ihre Arbeiten gegenlesen.

Ihr Korrekturleser muss eine zuverlässige und kompetente Person sein, die bereit ist, Zeit und Mühe für Sie zu investieren. Geben Sie dieser Person genug Zeit für ihre Hilfe. Sagen Sie ihr, worum es geht und worauf sie bitte achten möge. Wenn der Korrekturleser seine Aufgabe gewissenhaft durchführt und Ihnen den Text mit viel Rot zurückgibt, nehmen Sie ihm das nicht übel. Sie hatten um Korrekturen und Kritik gebeten.

Werten Sie die Korrekturen und Kommentare Ihres Korrekturlesers sorgfältig aus. Entscheiden Sie Punkt für Punkt, was Sie umsetzen. Die Verantwortung dafür, was in Ihrer endgültigen Version steht, liegt allein bei Ihnen.

5. Identifizieren Sie Ihre Schwächen und arbeiten Sie daran.

Ein vages Unwohlsein ist immer schwer zu behandeln. Legen Sie deshalb alte Texte nicht einfach zu den Akten, sondern machen Sie Fehleranalysen. Wo genau liegen Ihre Schwächen? Tun Sie sich vielleicht mit der Zeichensetzung schwer? Schleicht sich immer wieder ein falsches *das[s]* in den Text? Brechen Ihnen Sätze ab? Wirken Ihre Texte durcheinander?

Im ersten Schritt prüfen Sie, wo Sie Fehler machen. Im zweiten Schritt analysieren Sie die Ursachen. Haben Sie Angst, etwas Wichtiges auszulassen? Wollen Sie zu viel auf einmal sagen? Nutzen Sie auf gut Glück Phrasen, die Ihnen nicht wirklich vertraut sind? Im dritten Schritt packen Sie das Problem bei der Wurzel. Nehmen Sie sich konkrete Maßnahmen vor. Zum Beispiel: Sie fassen für jeweils eine Sinneinheit in wenigen Worten zusammen, worum es geht. Oder Sie ordnen Ihre Gedanken: *erstens, zweitens, drittens.* Oder Sie halten inne und fragen: *Was heißt das?* Wenn Sie nicht erklären können, was etwas heißt, dann sollten Sie es nicht verwenden. Der vierte Schritt erfordert den längsten Atem: Jetzt müssen Sie mit Disziplin und Ausdauer Ihre Maßnahmen umsetzen.

6. Schulen Sie sich an den besten Vorbildern.

Lesen Sie nicht nur Fachliteratur. Das verdirbt den Stil und verengt die Sicht. Lesen Sie auch gute Zeitungen und Zeitschriften und schöne Literatur. Wenn Ihnen ein Text gefällt, dann fragen Sie sich, warum. Genauso, wenn Ihnen ein Text nicht gefällt. So schärfen Sie Ihren kritischen Sinn.

7. Üben Sie.

Es ist wie im Sport: ohne Training keine Erfolge. Deshalb nutzen Sie jede Gelegenheit, um zu üben. Üben kann man nie genug. Selbst wenn Sie gut sind, können Sie durch Üben immer noch besser werden. In diesem Sinne: Üben Sie und freuen Sie sich über Ihre Erfolge.

Fachausdrücke zum Nachschlagen

das **Adjektiv** – Eigenschaftswort, Wiewort (*gut, pfiffig, freundlich*)

das **Adverb** – Umstandswort (*gerne, gestern, überall*)

das **Adverbial** – Satzglied, das die Umstände des Geschehens (Raum, Zeit, Art und Weise, Grund) näher beschreibt (*er liest die Arbeit mit Vergnügen*); Umstandsbestimmung

der **Adverbialsatz** – Nebensatz in der Funktion eines Adverbials

der **Akkusativ** – Wenfall, vierter Fall (*sie sieht das Kind*); → Kasus

das **Aktiv** – Tatform (*er bearbeitet den Vorgang*); Gegensatz ist das → Passiv; → Genus Verbi

die **Apposition** – substantivisches Attribut, das meist im gleichen Fall steht wie sein Bezugswort (*Mr Lane, der Amerikaner; am Montag, dem 13. Mai*); Beisatz

der **Artikel** – Geschlechtswort (*der, die, das; ein, eine*)

das **Attribut** – Beifügung (*die gute Arbeit*)

der **Beisatz** → Apposition

das **Bestimmungswort** – erster Teil einer Zusammensetzung, der den zweiten (→ das Grundwort) näher bestimmt (*Semesterferien*)

der **Dativ** – Wemfall, dritter Fall (*sie hilft dem Kind*); → Kasus

die **Deklination** – Beugung des Substantivs und seiner Begleiter

das **Demonstrativpronomen** – hinweisendes Fürwort (*dieser, jener, derselbe*)

der **Diphthong** – Laut aus zwei Vokalen (*au, ei* oder *ai, eu* oder *äu*); Doppellaut

der **einfache Satz** – Satz mit *einem* Prädikat

der **Elativ** – Superlativ, der nicht auf einem Vergleich beruht, sondern nur einen hohen Grad anzeigt; absoluter Superlativ

das **Femininum** – weibliches Geschlecht; Substantiv mit dem Artikel *die*; → Genus

der **Finalsatz** – Nebensatz, der einen Zweck angibt

die **finite Verbform** – die im Satz auf Person, Numerus, Modus und Tempus festgelegte Verbform (*sie schreibt*); Personalform; Finitum; Gegensatz ist die → infinite Verbform

die **Flexion** – Sammelbegriff für beide Formen der Beugung: → Deklination und → Konjugation

das **Futur I** – Zukunft (*ich werde sehen*)

das **Futur II** – vollendete Zukunft (*ich werde gesehen haben*)

der **Genitiv** – Wesfall, zweiter Fall (*das Lachen der Frau*); → Kasus

das **Genus** – grammatisches Geschlecht des Substantivs

das **Genus Verbi** – Handlungsrichtung des Verbs: → Aktiv oder → Passiv

der **Gliedsatz** – Nebensatz in der Rolle eines Satzglieds

das **Gliedteil** – Phrase, die Teil eines Satzglieds ist

der **Gliedteilsatz** – Nebensatz in der Rolle eines Gliedteils

das **Grundwort** – zweiter Teil einer Zusammensetzung, der durch den vorangehenden (→ das Bestimmungswort) näher bestimmt wird (*Semesterferien*)

der **Hauptsatz** – Satz, der keinem anderen Satz untergeordnet ist

das **Hilfsverb** – *haben, sein, werden* als Bestandteil einer zusammengesetzten Verbform

die **Hypotaxe** – die Über- und Unterordnung von Teilsätzen wie im → Satzgefüge; Gegensatz ist die → Parataxe der **Imperativ** – Befehlsform des Verbs (*setz dich!*); → Modus

das **Imperfekt** – Vergangenheit (*ich sah*); Präteritum

das **Indefinitpronomen** – unbestimmtes Fürwort (*man, etwas, niemand*)

der **Indikativ** – Wirklichkeitsform des Verbs (*er setzt sich*); → Modus

die **indirekte Rede** – Wiedergabe einer Äußerung; abhängige Rede

die **infinite Verbform** – unbestimmte Form des Verbs: → Infinitiv (*schreiben*), → Partizip I (*schreibend*) und → Partizip II (*geschrieben*); Gegensatz ist die → finite Verbform

der **Infinitiv** – Grundform des Verbs (*schreiben, verlieren, sein*); nicht konjugierte Form; → infinite Verbform

der **Infinitivsatz** → satzwertiger Infinitiv

die **Interjektion** – Ausrufewort (*oh, ah, peng*)

das **Interrogativpronomen** – Fragefürwort (*wer?, was? welcher?*)

das **intransitive Verb** – Verb, das kein Akkusativobjekt verlangt und kein persönliches Passiv bildet (*niesen, schlafen*); nicht zielendes Verb; Gegensatz ist das → transitive Verb

die **Kardinalzahl** – Grundzahl (*zwei, zwanzig, zweihundert*)

der **Kasus** – Beugungsform, in der ein deklinierbares Wort gemäß seiner Rolle im Satz auftritt; grammatischer Fall; → Nominativ; → Genitiv; → Dativ; → Akkusativ

der **Kausalsatz** – Nebensatz, der einen Grund angibt

der **Kernsatz** → Verbzweitsatz

der **Komparativ** – Vergleichsstufe des Adjektivs (*besser*); → Positiv; → Superlativ

der **Konditionalsatz** – Nebensatz, der eine Bedingung angibt

die **Kongruenz** – Übereinstimmung von Satzgliedern oder Gliedteilen in Person, Numerus, Genus und Kasus

die **Konjugation** – Beugung des Verbs

die **Konjunktion** – Bindewort (*und, dass, sowohl – als auch*)

der **Konjunktionalsatz** – Nebensatz, der durch eine Konjunktion eingeleitet wird

der **Konjunktiv** – Möglichkeitsform des Verbs (*er setze sich*); → Modus

der **Konsekutivsatz** – Nebensatz, der eine Folge angibt

der **Konsonant** – Mitlaut (*f, g, h, k …*)

der **Konzessivsatz** – Nebensatz, der einen Gegengrund angibt, der jedoch ohne Einfluss ist (*obwohl das so ist, …*); Einräumungssatz

das **Kopulaverb** – *sein, bleiben, werden*, wenn sie zusammen mit einem → Prädikativ das → Prädikat bilden (*sie ist musikalisch, sie bleibt Chormitglied, sie wird Solistin*)

das **Maskulinum** – männliches Geschlecht; Substantiv mit dem Artikel *der*; → Genus

das **Mittelfeld** – im Satz die Position zwischen der linken und der rechten → Satzklammer; → Vorfeld; → Nachfeld

der **Modalsatz** – Nebensatz, der Mittel und Umstände eines Geschehens angibt

das **Modalverb** – Verb, das in Verbindung mit dem Infinitiv eines anderen Verbs dessen Inhalt modifiziert (*dürfen, können, sollen, wollen, mögen, müssen*)

der **Modus** – Aussageweise des Verbs: → Indikativ, → Konjunktiv oder → Imperativ

das **Nachfeld** – im Satz die Position hinter der rechten → Satzklammer; → Vorfeld; → Mittelfeld

der **Nebensatz** – der untergeordnete Teilsatz in einem → Satzgefüge

das **Neutrum** – sächliches Geschlecht; Substantiv mit dem Artikel *das*; → Genus

das **Nomen** → Substantiv

der **Nominativ** – Werfall, erster Fall (*die Frau lacht*); → Kasus

das **Numerale** – Zahlwort (*sieben, siebenmal, das Siebtel*)

der **Numerus** – grammatische Zahl: → Singular oder → Plural

das **Objekt** – Satzglied, das vom Prädikat als Ergänzung bestimmt wird (*er liest die Arbeit, er ist zufrieden mit dem Ergebnis*); Satzergänzung

der **Objektsatz** – Nebensatz in der Funktion eines Objekts

die **Ordinalzahl** – Ordnungzahl (*erste, zweite, dritte*)

die **Parataxe** – Gleichrangigkeit von Teilsätzen wie in der → Satzreihe; Gegensatz ist die → Hypotaxe

das **Partizip I** – Mittelwort der Gegenwart (*schreibend, verlierend*)

das **Partizip II** – Mittelwort der Vergangenheit (*geschrieben, verloren*)

das **Passiv** – Leideform (*der Vorgang wird bearbeitet*); Gegensatz ist das → Aktiv; → Genus Verbi

das **Perfekt** – vollendete Gegenwart (*ich habe gesehen*)

die **Personalform** → finite Verbform

das **Personalpronomen** – persönliches Fürwort (*ich, du, er, sie, es, wir, ihr, sie*)

der **Plural** – Mehrzahl; Gegensatz ist → Singular; → Numerus

das **Plusquamperfekt** – vollendete Vergangenheit (*ich hatte gesehen*)

der **Positiv** – Grundstufe des Adjektivs (*gut*); → Komparativ; → Superlativ

das **Possessivpronomen** – besitzanzeigendes Fürwort (*mein, dein, sein, unser, euer, ihr*)

das **Prädikat** – Satzglied, das die auf das Subjekt bezogene Aussage enthält (*er liest die Arbeit*); Satzaussage

das **Prädikativ** – Teil des Prädikats, der zusammen mit → Kopulaverben eine Gleichsetzung ausdrückt (*sie ist musikalisch; sie wird Sängerin*)

der **Prädikativsatz** – Nebensatz in der Funktion eines Prädikativs (*sie bleibt, was sie war*)

die **Präposition** – Verhältniswort (*in, an, auf, trotz, wegen*)

das **Präpositionaladverb** → Pronominaladverb

das **Präsens** – Gegenwart (*ich sehe*)

das **Präteritum** – Vergangenheit (*ich sah*); Imperfekt

das **Pronomen** – Fürwort (*ich, mein, dieses, derselbe, man, wer*)

das **Pronominaladverb** – Adverb, das für eine Fügung aus Präposition und Pronomen steht (*darüber* für *über das*); es wird gebildet aus den Adverbien *da, hier, wo* plus Präposition, deshalb heißt es auch *Präpositionaladverb*; Umstandsfürwort

das **Reflexivpronomen** – rückbezügliches Fürwort (*ich freue mich*)

das **Relativpronomen** – bezügliches Fürwort; Fürwort, das den Relativsatz, den es einleitet, mit dem übergeordneten Satz verbindet (*das Buch, das du mir empfohlen hast*)

der **Relativsatz** – Nebensatz, der durch ein Relativpronomen eingeleitet wird

die **Satzaussage** → Prädikat

die **Satzergänzung** → Objekt

das **Satzgefüge** – zusammengesetzter Satz aus einem Hauptsatz und mindestens einem Nebensatz

der **Satzgegenstand** → Subjekt

das **Satzglied** – Funktionseinheit im Satz: → Subjekt, → Prädikat, → Objekt und → Adverbial

die **Satzklammer** – Klammer, die gebildet wird durch die Personalform des Verbs und die restlichen Prädikatsteile (*ich habe gestern ein Buch gelesen*) oder durch das Einleitewort eines Nebensatzes und das Prädikat (*da ich gestern ein Buch gelesen habe*)

die **Satzreihe** – zusammengesetzter Satz aus mindestens zwei Hauptsätzen

der **satzwertige Infinitiv** – erweiterter Infinitiv mit *zu*, der aus dem übergeordneten Satz herausgelöst ist; er ist einem Nebensatz ähnlich, hat allerdings kein eigenes Subjekt (*ich übe, um noch besser zu werden*); Infinitivsatz

das **Semikolon** – Strichpunkt

der **Singular** – Einzahl; Gegensatz ist → Plural; → Numerus

der **Spannsatz** → Verbletztsatz

der **Stirnsatz** → Verberstsatz

das **Subjekt** – Satzglied, das formaler Ansatzpunkt für das → Prädikat ist (*er liest die Arbeit*); Satzgegenstand

der **Subjektsatz** – Nebensatz in der Funktion eines Subjekts

die **Subjunktion** – unterordnende Konjunktion (*weil, nachdem, obwohl*)

das **Substantiv** – ein Wort, das ein grammatisches Geschlecht hat, gebeugt werden kann und immer großgeschrieben wird (*der Kopf, die Hand, das Ohr*); Hauptwort, Nomen

die **Substantivierung** – Gebrauch eines Wortes als Substantiv (*das Üben lohnt sich*)

der **Superlativ** – Höchststufe des Adjektivs (*am besten*); → Positiv; → Komparativ

der **Temporalsatz** – Nebensatz, der eine Zeitangabe macht

das **Tempus** – Zeitform des Verbs: → Präsens, → Perfekt, → Präteritum, → Plusquamperfekt, → Futur I, → Futur II

das **transitive Verb** – Verb, das ein Akkusativobjekt verlangt und ein persönliches Passiv bildet (*einladen, besuchen*); zielendes Verb; Gegensatz ist das → intransitive Verb

die **Umstandsbestimmung** → Adverbial

das **Umstandsfürwort** → Pronominaladverb

das **Umstandswort** → Adverb

das **Verb** – Tätigkeitswort (*sein, wollen, lesen*)

der **Verberstsatz** – Satz mit dem finiten Verb in Erststellung (*Liest du dieses Buch?*); Stirnsatz

der **Verbletztsatz** – Satz mit dem finiten Verb in Letztstellung (*...wenn du dieses Buch gelesen hast*); Spannsatz

der **Verbzweitsatz** – Satz mit dem finiten Verb an zweiter Stelle (*du liest dieses Buch*); Kernsatz

der **Vokal** – Selbstlaut (*a, e, i, o, u*)

das **Vollverb** – Verb mit eigener Bedeutung und der Fähigkeit, allein die Satzaussage zu bilden (*lachen, singen, lesen*)

das **Vorfeld** – im Satz die Position vor der linken → Satzklammer; → Mittelfeld; → Nachfeld

die **Wortart** – Klasse von Wörtern, die sich im Satz in gleicher Weise verhalten

der **zusammengezogene Satz** – Aneinanderreihung gleichwertiger Teilsätze, bei der gemeinsame Redeteile eingespart werden (*ich freue mich und [ich] wünsche dir alles Gute*)

Literatur

Nachschlagewerke

Bußmann, Hadumod, Hrsg. *Lexikon der Sprachwissenschaft.* 4. Auflage. Stuttgart: Kröner, 2008.

Duden 1: Die deutsche Rechtschreibung. 25. Auflage. Mannheim: Dudenverlag, 2009.

Duden 4: Die Grammatik. 8. Auflage. Mannheim: Dudenverlag, 2009.

Duden 5: Das Fremdwörterbuch. 9. Auflage. Mannheim: Dudenverlag, 2006.

Duden 9: Richtiges und gutes Deutsch: Wörterbuch der sprachlichen Zweifelsfälle. 6. Auflage. Mannheim : Dudenverlag, 2007.

Textor, A. M. *Sag es treffender: Ein Handbuch mit über 57 000 Verweisen auf sinnverwandte Wörter und Ausdrücke für den täglichen Gebrauch.* 9. Auflage. Reinbek: Rowohlt, 2002.

Sonstige Literatur

Haines, Maria. *ABC der wissenschaftlichen Abschlussarbeit.* Paderborn: Schöningh, 2009.

Hoffmann, Monika. *Besser schreiben für Dummies.* Weinheim: Wiley-VCH, 2010.

Langer, Inghard, Friedemann Schulz von Thun und Reinhard Tausch. *Sich verständlich ausdrücken.* 8. Auflage. München: Ernst Reinhardt Verlag, 2006.

Lyons, John. *Die Sprache.* Aus dem Englischen übertragen von Christoph Gutknecht in Zusammenarbeit mit Heinz-Peter Menz, unter Mitarbeit von Ingrid v. Rosenberg. München: Beck, 1990.

Reiners, Ludwig. *Stilfibel. Der sichere Weg zum guten Deutsch.* München: dtv, 2009.

Schopenhauer, Arthur. „Ueber Schriftstellerei und Stil." *Parerga und Paralipomena II.* Zweiter Teilband. Zürich: Diogenes, 1977. Seiten 548-602.